Fables de La Fontaine
traduites en créole seychellois

KREOLISCHE BIBLIOTHEK

Herausgegeben von Annegret Bollée

ISSN 0720-9983

Band 4

HELMUT BUSKE VERLAG HAMBURG

Rodolphine Young

FABLES DE LA FONTAINE

traduites en créole seychellois

Introduction, notes,
remarques sur la langue et glossaire
par

Annegret Bollée et Guy Lionnet

HELMUT BUSKE VERLAG HAMBURG

Kreolische Bibliothek · 4

Bibliographische Information der Deutschen Nationalbibliothek: Die Deutsche Nationalbibliothek verzeichnet diese Publikation in der Deutschen Nationalbibliographie; detaillierte bibliographische Daten sind im Internet über *portal.dnb.de* abrufbar.

ISSN 0720-9983
ISBN 978-3-96769-641-7
ISBN eBook 978-3-96769-610-3

Kontaktadresse nach EU-Produktsicherheitsverordnung:
Helmut Buske Verlag GmbH
Richardstraße 47, 22081 Hamburg
info@buske.de

INTRODUCTION

Décédée en 1932, à l'age de 72 ans, à la Baie Sainte-Anne de l'île
Praslin, où elle était institutrice, Rodolphine Young peut être
considérée comme le premier écrivain créolophone - sinon le pre-
mier écrivain - des Seychelles.

Elle descendait d'un arrière-grand-père hollandais, qui a dû s'ap-
peler De Jong. Lequel avait épousé une fille de Jean-Marie Lebeuze,
un Français qui s'était établi aux Seychelles vers la fin du 19^e
siècle et y avait épousé une fille naturelle de Pierre Hangard -
le premier colon des Seychelles - qu'il avait eue d'une de ses es-
claves. Rodolphine Young était elle-même la fille de Ralph Young
et d'une Réunionnaise, Marie Antoinette Payet.

Rodolphine Young a d'abord été institutrice à l'Anse Boileau de
l'île Mahé, où on se souvient encore d'elle, puis à la Baie Sainte-
Anne. Elle a donc appartenu à cette phalange d'anciennes institu-
trices, aujourd'hui oubliées, qui au temps où la profession d'in-
stitutrice était peu considérée, donc peu retribuée, se dévouèrent
sans compter à la formation des générations de jeunes seychellois.

L'oeuvre de Rodolphine Young, à part d'un catéchisme créole, non
retrouvé, est constituée de 49 fables de La Fontaine traduites en
créole seychellois. C'est ce recueil, que nous avons eu le bonheur
de retrouver en manuscrit, qui mérite à Rodolphine Young de ne pas
être complètement oubliée aujourd'hui.

La valeur des fables, qui doivent dater d'au moins du début du
siècle, réside dans le fait que Rodolphine Young a employé, pour
les écrire, un vieux créole qui donne de précieux renseignements
sur l'évolution du créole seychellois au cours de près d'un siècle.

Elles constituent également de merveilleuses adaptations des fa-
bles de Jean de La Fontaine. En effet, les personnages - plantes,
animaux et hommes qu'on y trouve - s'ils viennent du grand fabu-
liste, sont bien seychellois, non seulement par leurs gestes et
leurs attitudes, mais aussi par leurs sentiments et leurs réac-

tions. Ces adaptations constituent donc une véritable réussite
littéraire.

Sans doute faut-il restituer ces fables, surtout leur morale,
dans le temps. Un temps qui par son esprit de classe semble fort
éloigné de notre jeune république socialiste actuelle. Ces fables
nous révèlent en effet une société paternaliste répressive qui
appartient à une époque révolue. Mais - ce qui ne fait pas leur
moindre valeur - elles nous permettent de mesurer le chemin ac-
compli par la société seychelloise dans le domaine de la justice
sociale depuis le début du siècle.

Nous avons voulu publier ces fables dans leur orthographe d'ori-
gine pour deux raisons. D'abord par souci d'authenticité, ensuite
parce que cette orthographe, qui rend correctement la prononcia-
tion du vieux créole qu'elle reproduit, est elle-même une autre
réussite de l'auteur.

Pour faciliter la comparaison des adaptations de Rodolphine Young
avec les fables de La Fontaine, nous imprimons les textes qu'elle
a utilisés dans un appendice à la fin de cette édition.

Fables de La Fontaine

traduites en patois Seychellois

Li, li resté comme con memme. Youã li après rié, y commence cagrin.
(Pas na nãien qui femme y haïe, coma pas gangne mãié.) Y ti rogrette son bétis
Quand y ti ouã y pas gangne pĕsonne, y ti oblizé mãié eque ein laye zhomme
Ein vagabond, eine nãien di tout... Ca y oulé dŭ quand memme ou rice
Ou pas doite méprise les autes. Anh!

La laitière et le pot au lait.

Eine ningresse ein zou ti après aller vanne di lait.
Y ti fine mette son pot di lait lõ son la tête. A force li ti sotte,
Y ti après cause tout sel en descandant. Y ti après câlquilé qui y a fai
Eque son l'ãzent di lait. Y ti: « Moi asté ein poule, poule y a pionne,
Moi vanne son pitit. Eque l'ãzent mon p'tit poulé, moi asté ein p'tit cocon
L'hẽ moi vanne mon cocon moi asté ein p'tit beffe. Moi vine rice.
Moi gangne zoli zoli linze, moi habiye faraud. L'hẽ moi alle l'église
Dans mon zoli robe. Eque mon soulié dans mon li fié, tout doumoune
Y y viré pou quette moi. Zot a di: Ca pas zenee bon na vini ca! »
Aïe! aïe! aïe! coma y di ca, son li fié y maye dans ein racine di bõ
Y tomme ventre en bas; tout di lait y caviré. Tŏ diabe!
Y commence pléré. L'hẽ y arrive dans son la cou y raconte ca son mar
Son mari y flanque li ein bon fite pou montré li fai attention.
Après y di li: « Moi montré ou compte lŏ di zeffe dans...... poule moi!

Les deux coqs.

Y ana ein vié provèxbe dans temps l'autrefois qui di:
« Toujou, quand zhomme y gangne malhè, femme qui l'auté. »
Ça pãole qui vrai memme ça. Vous les zou di ouã ça:.....

Dé coqs ti bons zãmis danseine la cou. Ein zou ein poule y arrive,
Ala la guê qui commence! Tout doumoune y taye pou vine quette.
Au lie zot seye sépare coqs, zot pousse di lé. Eine y fiãré pou ein coq,
L'aute y fiãré pou l'aute coq. L'hẽ la tête coq y saingne, zot content.
Coqs y la guê longtemps, à la fin, eine y tayé. Ça qui ti plus fŏ
+ présent y alle fai vantã cot poule, y vi vi au bŏ li y caresse li, y embrasse

PROLOGUE

Zott tous, noirs mon bouzois, vini; moin na zistoî pou raconte zott.
Si zott oulé évite çagrin, acoute moi bien.
Ça qui mo oulé raconte zott là, ça l'ouvraze ein blanc.
Zhomme qui ti fair ça zistoî là, dans temps l'autrofois,
5 Pas ti ein pecê crab, ni ein manzê macrô.
Ça ti ein zhomme comme y faut. Zott ti appelle li "La Fontaine".
Coma moi na bonhê conne lir, ça fait mo prend la peine appelle zott.
Pou dî zott tou ça qui mo ti ouar là dans, pou empêce zott vine mé-
         çants.
Si ça y resté dans zott lé kêr, zott pas va sitant mauvais:
10 Boir tafia, alle marron dans bois, travaille èque malfaisants,
Rode la tizane cot grand noirs, empoizonne zanimaux zott bouzois,
Fair tout ça qui mauvais noirs y content fair pou donne tracas zott
         bouzois.
Zott va ouar clair coma li zou, qui dans tout pays y ein a malhéré.
Zott va comprend qui faudrait sippôté! Pisqui dans pays Sécelles,
       en France, pârtou,
15 Tout ça qui crétien y bisoin souffert, comme si eine nation maudit.
Alôsse, si zott ouar, en France même bouzois y souffert,
Pli fôrte raison, comprend qui noirs pas doite ete miré
Quand zott gangne malhè lô la terre.

Noirs, blancs, tout doumoune y blizé souffè.
20 Quand même ça qui dans p'tit payotte, quand même ça qui dans grand
       la caze.
Tout doumoune y doite prend bon kêr, ça qui bon Dié y envoye li.
Si nous fair ça magnière là, nous capab sîre,
Nous alle dans Paradis l'hère nou a môrt.

1

Le Corbeau et le Renard

Compè corbeau ti fine coquin eine bel fômaze tet-de-môr.
Y tiombo li dans son la bec. Ça fômaze ti ana bon L'odêr!!
Compè rénâ y passé, y ouar côbeau fine aposé en l'air, lô ein
       brançe di bois.
Y dir dans son lé kêr: "Moin na bon l'appétit; ça fômaze y senti
       bon.
5 Si mo ti capab gangne bonhè tiombo li! Mo ti a dine pli mié qui
       blancs!"
Renâ qui malin bougue y dir côbeau: "Mâtin! ou faraud!!
Ou l'habit fine taille à la mode! Ou pareil ein grand M'sié.
Quand même en ville, quand même bitacion, ou doite ete passe pou
       grand dimoune.
Mais John, zott dî moi ou eine mizicien.
10 Partout cot mô passé, mô tanne zot dîr ça.
Zott dî pas na cantrelle, qui ana la oua pli zôli qui ou;
Allons, mon frè, çante ein p'tit coup, pou moi ouar si zott pas
       menti.
Moi bien content si tout ça qui zott dir moi y vrai....
Comment côbeau y tanne ça, y commence gonflé. Y pas capab tini;
15 Y ouvert son la bec pou çanté, aïh! aïh! aïh! ala fômaze qui tombé
Dans la gaîle compè rénâ!!
Compè rénâr y commence rié: Quoh! quoi! quoi! quoi!
Si ou pas ti ein bouffon, ou pas ti a couâre ou ein famé zhomme,
Ou pas ti a sèye çanté, ou pas ti a laisse ou fômaze tombe dans la
       gaîle eine l'aute.
20 Compè côbeau y resté bête, y pas réponne nâien
Nèque y grongne grongne em bas en bas, y dî:
"Ou pas va embête moi encore ein l'autt fois."

2

La Cigale et la Fourmi

Eine fois ti ana eine cigale qui ti touzoù après çanté.
Et pi ti ana eine foûmi qui ti resté prôce là même côt li.
A là ein zou, cigale fine la faim; y alle côt foûmi, y dî:
"Donne-moi ein p'tit guine manzé; quand moi gangne môceau bon
quéque çose, moi rande ou."
5 (Ou conné foumi y la main lourd; y pas content donné)
Y réponne cigale: "Mon camarde, qui ou travaille tout la zoûnée?
Comment ça s'fait ou pas na nârien pou manzé?"
Cigale y dîr: "Tout le temps mo resté çanté;
Moi même qui ti çanté zoû qui ou ti bien dansé là." –
10 Han! han! ou qui ti çanté alorsse! Ça fait ou pas n'a l'aute
métier?
Ah ben, mon cocotte, si ou gangne la faim dans moutia,
Alle danse séga, à présent.

[A cause çan memme qui mo dî zot
Quand doumoune content fié y compte lô mâmmite son camarde,
15 I capab sî y a resté sans soupé.]

3

La Grenouille qui veut se faire aussi grosse que le Boeuf

Ein zou ein gournouille qui ti après boîr di l'eau
Y ouâr ein gros tôreau. Y dîr èque son banne camarade:
"Mo pârié mo capab vine gros coma ça bef là." Zott tout y rié:
"Quia! quia! quia! quia! –
5 "Ou pas même gros coma eine di zef toutrelle!
Faudrai qui ou bien gonflé ou lé côr, pou ou capab vine gros comme
ça!"

- Y di zott: "Ah ben! guette-moi; zotte a ouâr si mo menti.
Mo pârié moi vine pli gros qui li encore. Bon Dié pini-moi!"
La y commence gonflé son lé cô; après y dîr: "Zott, guetté;
10 Dî moi si mô encô loin pou arrivé" - "Ah ba!
Ou pas assez malin pou ça. Avant ou commence fair ça,
Alle manze madégonne, ou tandé?"
- "Quand même tout ça qui zotte a dîr, mo conné, moi vini pli gros
Y fôrce encô ein p'tit môceau; vente y pété: boum!!   qui li.
15   Trip y sôrti dehôrs.
          Gournoui ti perdi son pâiaze.

[Çaque foi qui noâ y a oulé fè son vantâ,
Y faudrait qui y a paye son bêtise,
20 A cause y sèye mette souyé fin.
Couâ moâ, zott, mâcé sans souyé dans li pié.]

4

LES DEUX MULETS

Ein zou dé milets ti après mâcé dans grand cimin,
Eine ti amène ein gros paquet zêrbes, l'aute ti amène l'âzent.
Ça eine qui amène l'âzent y fair vantâ, y rié son camarade.
Y dîr li: "Mon frère, qui ou améné là? Ou fine çâze ou èque la
                                                  paye;
5 Ça l'ouvraze p'tit mâmaille; pas eine travail pou grand zhomme coma
Guetté, ou lé dos y tout sâle. Pâuv diab! Vrai, mon frère,   ou;
Mo ti a gangne mal au kêr alle divant dimoune comme ça."
Y commence rié: Quoi! quoi! quoi!"
L'aute y baisse la tête, pas dî li nâien.
10 Ala ein p'tit moment, zot zoinde volê; la pê y prend zott.
Zot commence tayé: Tipi, tipi, tipi, tipi.....
Coma volê y ouâr zot foulcan comme ça y prend son fisil.
Y tir lo M'sié qui amène l'âzent. Coude fizi y parti: Poh!
Pauv milet y tombé: Boh! L'aut y viré y dî li:
15 Mon camarade, ou ti rie moi. Si ou ti amène la paille coma moi
Zot pas ti a fair ou nâien.

5

LE LOUP ET LE CHIEN

Ein zoû eine Loulou qui ti na nèque la peau èque lé zo,
Y zoinne ein gros li cien, gras coma di lâ. Eine lé kêr y dî li:
Ala bon manzé si oûlé. L'aute lé kêr y dî li: Ça compè là y
                                                  vaillant;
Y ana bon lé dents pou défanne son lé cô. Quand même li, li cien,
5 Mais ou trop faye pou li. Eine coude patte même assez,
Pou flanque ou en bas. Resté tranquille, ou tandé.
Ça fait loulou y dî li cien: "Bonzoû, compè; comment ça va?"
 - "Ça va bien; sais pas ou même?" - "Compère, ou n'a l'air moi bien
Comma dî ou gangne bon lé zo,
                                         vaillant;
10 Pou mette en bas lé dents?"
 - "Mais mon frè, ou même l'autè, si ou pas vine gras;
Qui ou faîr dans bois? Vine dans la coû mon boûrzois,
Ou a gangne manzé plein ou vente."
Loulou y dî: "Bon! dî moi qui faudrai faire
15 Pou zott donne moi ça bon manzé là."
 - "Presqui nâien, flatte, flatte ein pé boûzois, faire ein pé gnace,
Môde faye doumoune, zappe zappé à soir èque volè,
Ça même tout; ou sî ou a gangne bon manzé."
 - "Bon, mon camarade, moi vini; en-nous!"
20 Ala zott dé qui allé; ou ti a dî dé frères....
Ein p'tit moment, Loulou y ouar li cou son camarade fine tout plime
                                             plimé.
Y dî li: "Mais mon frère li cien, qui ou gangné dans ou li cou?"
 - "Ça nâien; à cause tous les zoû, zot amarre moi èque ein p'tit
Pour empèce moi alle marron." - "Qui ou dî? Amarré??   côdon,
25 Non compè, amarré là mauvais zaffaires ça; moi pas oulé.
Mo pliféré mô la faim, libe dans bois.

Loulou là ti calquile mal; sèvi ou boûzois pli bon qui marron èque
Bisoin alle coquin pou manzé.   zanimaux dans bois,
Ça pa eine la vie pou ein chrétien fair, ça.

6

La Génisse, la Chèvre et la Brebis en société avec le Lion

Ein zou ti ana eine lion, eine fémelle mouton, eine fémelle cabri
Zott quat' y dî ensembe: "En-nous associé, [et pis eine zénisse.
Pou nous alle la çasse ensembe." Zott tout fine tombe d'accord.
L'hère bar d'zoù y fair, zott lévé, zott boîr café; là zot alle
5 Mo couâ ça zoù là, zott ti fine gangne la guigne.   dans bois.
Zott mate lâ à droite, à gauce, pâtout pâtout,
Pas fici gangne eine nâien di tout... A fôce à fôce,
Fémelle mouton y maille ein gros mâle cerf dans son lâ:
Là, y criye les zott: "Vine donne-moi la main!"
10 Ein p'tit moment, zott tout fine arrivé. Compè Lion y dî zot:
"Bon! A présent faudrait partazé, ça." Y tî son grand couteau,
Y coupe ça bébête là en quat', pou çaquinne gangne ein cârtier.
(Moi mo couâ comme ça.) A présent compè Lion y dî:
"Qui c'eine là qui zot maîte ici?" Zott dî li: "Ou même;
15 Nous pas na l'aute maîte." Y dî: "-eh ben, quand servitè y ana
                                        quéque çose,
Faudrait donne zot maîte, avant. Alorsse, moi prend eine môceau."
Après ça, y dî: "Qui c'eine là qui ana pli gros lé dents?"- "Ou
                                        même."
"Ah ben, pisqui mon lé dents y pli gros, faudrait qui li gangne
                                        ein môceau."
Après ça, y dî: "Entré nous quat', qui c'eine là qui pli fôrt?"
                                        Zott dî li:
20 "Compè, nous couâ ou même qui pli fôrt" - "Ahn! Zott couâ? Ah ben,
Zott pas doite faire moi di tort. Si mo pli fôrt, faudrait paye la
                                        fôce aussi.
Mo prend eine cârtié pou mon la fôce." Gence-là y vine bête!
Aprésent, Lion y dî: "Zott, acoute moi bien: Moi pas content rôde
                                        rôde dispite.
Si eine, entré zott, y ana malhè mette la main lô ça môceau qui
                                        resté là,
25 Y capab compté, azord'hi son dênié zoù"... Là, y prend tous les
                                        quate môceaux.

Y mette dans son paquatia, y dî zot: Adié... Y alle dans son la
Gence-là pas fici dî ein mot!   cour...

Ça qui ana malhè prend zaçocié,
Y prend rotin pou fouette son lé côr.
30   Ça, tout doumoune y conné, ça.

7

LA BESACE

Dans temps l'autrofois, quand Zipitè ti lèr oua zanimaux,
Y ti fair batt' tamboû ein zoû, pou assemblé tout zanimaux divant
                                                            li.
Là, çaquinne ti oblizé dî li ça qui manque zott, pou zott vine zo-
                                                        li gâçon.
Y ti promette, y a donne zott, tout ça qui zott va demandé pou
                                                    zott vine zôli.
' 5 L'hère ça zoù là y arrivé, zot tout fine vini. Zipitè y dî zott.
Çaquine dire ça qui ana pou dî. - Macaque y commence prémier:
Y dir: "Quand mo guette-moi bien, dans la glace,
Mo ouar mo la figuire y assez bien. Moin na quat la patte, coma lé
Moin a eine bel la ké,   zott,
10   Quand même mon courpion y plime plimé,
Pareil zounou gence qui trop dévôte; ça pa guette personne,
Ça mon zaffaîre... Par exempe, pauv' compè l'Ours,
Y capab vanté y pli vilaine qui eine Soungoula.
Si eine femme enceinte y guetté li, y sî, y a fair fausse cousse.
15   Y ène a de quoi fair li avôte!" L'ours y avancé, son tour.
Ou couar y ti demanne môceau la beauté pou li? N'a pas là!
Y dîr y pli zoli qui les zaut!! Y dî: "Mais zott! guette l'éléphant!
Pôv diabe!!! Lé temps zot donne li eine p'tit boute la ké. Après ça,
Zott ti a coupe p'tit môceau son zoreilles. Et pis,
20   Rabote ein p'tit pé son la zambe. - L'éléphant y vini son tour.
Y dir: "Mo pas trouve moi vilaine. Pas dî pou mal pârlé
Mais guetté baleine, ein pé! Qui ça, ça? Qui race bébète, ça?
Ça pas dimoune ça! Ça eine pays! Femme enceinte qui ouar li, y ca-
                                        pab criye "Zezis-Marie!"

Zott tout zot vine causé, çaquine son tour. Çaquine y ouar,
25 Défaut son camarade. Pas na eine qui trouve défaut lo son lé cô.
Tout ti content son sort. Zisqu'a foumi qui trouvé
Y pas trop p'tit. Zipitè y dîr: "Bon! Zot tout zot fine ouar
Défaut zott camarade. Pèsonne pas fine ouar ça qui pou li.
Alorsse zott tout zot content. Allez, mon zanfants; sellement,
30 Pas blié, qui pas zotte qui pou zize zaffaires,
L'hère zot a mô.

Nous a ouar si ça qui ana bon causé lô la tè,
Y a cause fort divant bon Dié.

8

L'HIRONDELLE ET LES PETITS OISEAUX

Ein vié zirondel' qui ti fine voyaze tout son la vie,
Ti fine gangne plein l'esprit. Ein zoû y passe dans cimin,
Y ouar doumoune après plante çanve. (Ça çanve là, ein zèbe qui
                                                    vine belle.
Zence en France qui malin boug' y fair la ficelle avec.)
5 Zirondelle y dî: "Pauv' p'tit zoizeaux! Laisse-moi donne zot l'es-
                                                    prit:
Zott pas conné coma ça zence là y malice. Ça zence là, y après
                                              sème malhè pou zot.
Moi mo pas pè; moi alle pli loin. Mais quand zence là,
Y a fair lâ pou maille zot, zot tout, zot va tomb là dans.
Y a tiombo zott, bien comme y faut, pou fair la daube èque zott.
10 Ça zaffaire qui zot après planté là, pou faire la côde ça.
Couar moi si zot oulé; coma la graine y en bas la terre là,
Manze tout, avant y poussé! Zot a gangne malhè, là."
Au lié acoute zirondel, p'tit zoizeaux y rïé...."A cause ou sotte
                                                    comme ça?
Ou couar nous a quitte cot na bon manzé, pou alle rode vié manzé
                                              qui nous pas conné?
15 Faudrait qui nous a bien bête; bouce ou la bousse, ou a fair mié."
L'her zèbe y commence poussé, zirondel y dî: "Zott, y encore assez
                                                    temps;

Race ça zèbe là eine après l'aute." - P'tits zoizeaux y dî:
"Ah bah! ou ein vié folle. Ou couar nous beffe, pou nous manze ça
Eh! ou conné allé, hein... "Pli y allé, zèbe y poussé.   [zèbe là?
20 Zirondel y dî: "Ah ben, pisqui zot pas oulé acoute moi,
Mo donne zot encore eine conseil: Pas resté ici; sauvé, alle loin."
Zott pas oulé tandé. Qui zot fair? Zott tout, zot all tombe dans
                                                        pièze.
Là zot ti ouar, qui zirondel ti ana raison. Mais ti trop tard.
        Ça zistoire doite ète sèvi l'exempe.
25   Quand grand moune y causé.
Nous doite ète ouvert zoreilles pou acouté.

9

LE RAT DE VILLE ET LE RAT DES CHAMPS

Eine fois ti ana dé lé rats. Eine ti resté en ville, l'aute ti
                                        resté la campagne.
Le Rat la ville y invite son camarade pou dine côt li.
Son camarade y dî: "Pas pè, ou; moi vini. Ça zoû là y descenne en
                                        ville, y arrivé.
Ala l'aute lé Rat y amène li dans ein grand biffet.
5 Ti ana formaze, la viande frire, ein bel maman bananne,
Roti, macrô, sâdine; après ti ana eine carry coçon qui ti senti
                                                        bon.
Pou dessè ti ana confitî, patate, moucate, et pis ein grand bol di
                                                        riz doux.
Zamais ou pas ti a ouar pli bon zaffaî. Proç, la même ti ana eine
                                        belle callebasse bacca,
Pou fair descenne tout ça bon quèque çose là.
10 Là, zott commence envoyé même. Zott pas ni causé, ni rié...
Comma zot après èque la soupe là, eine boy y ouvè la porte!
Zott entré dans ein trou: Floupe! Quand boy ti fine foulcan,
Lé Rat la ville y dî: "A présent, en-nous manze vit'ment vit'ment.
Pou fini tout ça là bien comme y faut. En-nous rempli bien nous
                                        vente, avant y toûné.
15 L'aute y réponne: "Mo pas envi mò moi; laisse-moi alle dans mon la
                                                        coû.

Bon Dié pini moi, si mo vine manze encò ici.
Au mié mo manze mo racine magnoc sec, ou tandé?"

    Noirs bitacion
   Pas b'soin fréquenté èque noirs la ville.

10

Le Loup et l'Agneau

Dans temps l'autrofois, ein p'tit mouton ti après boir di l'eau au
Ein gros Loulou y sòrti dans bois,   bord la rivière
Y vine boir, li aussi. Lé dents loulou ti fine rouyé à force la
                           faim.
Ou a dî y ti après fair caremme. Son la gaile ti fine pointe;
5 Li ti zonne coma la peau limon. L'hère y ouar ça p'tit mouton là,
Tout souite son lé kè fine content: Y rié; y dî: "Ah!
Bon Dié fine envoye ça pou moi mette en bas lé dents!"
Là y dî èque mouton: "Et ou, qui ça qui permette ou
Vine boir dans mon la riviè? Ou après sali sali mon di l'eau là.
10 To faire exprès pou rode la guerre èque moi. Déza l'année passé,
To ti mal parle moi." P'tit mouton y dî: "M'sié,
P'tête l'aute doumoune; moi pas ti encò né l'anné passé."
Gros Loulou y réponne: "Si pas toi, alorsse ton papa."
- "Moi n'a pas papa, M'sié, moi eine batâ."
15 - "Alorsse ton frè." - "Mo n'a pas frè, mo n'a pas auquine parent.'
- "Mais to n'a l'audace résonner encore? To conné èque qui to causé
To pancore pousse lé dents, to conne fair solent?
Moi fair toi ouar, vine ici; pas ouvert ton la gaile."
- "Mais M'sié, mo pas dî ou nâien."
20 - "Pas bisoin d'mande pâdon à présent."
Comma y dî ça, y fair: Houan!
Pauv' p'tit mouton y faire: Bééé! Y tomme sec à terre.
Loulou y prend la viande, les zo, tout, y avale ein coup: Floupe!

11

LA MORT ET LE BÛCHERON

Dans temps l'autrofois ti ana ein pauv' vié zhomme,
Tous lé zoû y bisoin coup di bois pou li vanne,
Pou nourri son femme èque son zenfants.
Coupe di bois là, mauvais métié ça, quand ou n'a pas soulié dans
5 Ou li pié y resté gangne plein piquants! A la ein zoû,   li pié.
Zhomme là ti fine fatigué èque son di bois, y après demandé
A cause bon Dié y fair li misè comme ça. Tous les zoû la même
Y ouar son fami après mò la faim, li oblizé reinté!...   çose.
Y perdi couraze: Y dî la MÔ vine prend li...
10 Comma la MÔ y tanne ça, y arrivé: - "Ala moi, ou ti appelle moi,
Qui oulé?" Zhomme enque y réponne: "Mo ti appelle ou,
Pou donne moi la main lève mon paquet di bois, si ou plaît,
A cause y trop lourd pou mette lo mon zépaule.

Ça zaffaî là nous ouar tous les zou, ça.
15 Quand même nous misè coma li cien lo la terre
Personne pas oulé consenti pou alle dans trou.

12

LE RENARD ET LA CIGOGNE

Mo fine déza dî zott qui ci ça Réna; ça eine zanimaux en France,
Même pays èque Cigongne. Cigongne là, eine zoizeau qui resté au
Coma manique èque poul d'eau. Ça eine zanimau malin;   [bô di lo,
Ou a ouar ça ta l'hè:

5 Ein zou frè Réna y invite Cigongne pou diné. Cigongne pas manqué,
Y arrivé èque son bel l'appétit. (Pou li gangne l'appétit,
Y boir ein p'tit verre l'absinthe avant vini.) Y pas ti douté,
Fâce qui Compè Rénà ti pou faîr li.
Compè Rénà y sèvi ein manzé en di lo en di lo,
10 Dans ein p'tit coté callebasse cassé, plate;

Lé temps Cigongne y après la guerre pou saye la pèce môceau,
Rénà fine baflé tout nette. Y ti malin, mais ça ti malhonnête.
Cigongne pas dî li nârien, y alle cé li. Son lend'main,
Y invite Rénà pou diner. Compè Rénà pas réfisé.
15 L'hè diner y arrivé, y trouve couvert fine metté,
Mais pas na ein plat lô la tabe. Cigongne ti fine ramasse
Fiole di l'eau Colongne, gargoulette, pou mette tout manzé la dans.
Cigongne y donne li eine serviette, eine foûcette, eine couyè
Après y dî li: "Compè, allons, sans façon, a pas zenné, manzé.
20 Cigongne y commencé: "Quio! quio, quio, quio,
Ou a di cannà dans di l'eau. Ein p'tit moment y fine balié
Tout manzé! Réna y faî tout magniè pou boûre la gaile dans fiole
Pas fici entré. Son la tête trop gros.
Y pas gangne ein p'tit lé zo.
25 Bon l'odè manzé y faî li bâvé. Y ti oblizé tourne cé li,
                    Sans diner.

Y en a beaucoup nous,
Qui capab prend l'exempe lô là.

13

LES FRELONS ET LES MOUCHES À MIEL

Ein zou eine dimoune y trouv' trois gauffes bon di miel.
Y fair d'manne partout, qui c'enne là qui fine pèrdi ça.
Mousse zonne y arrive prémier. Y dî: "Ça pou moi, ça."
Ça doumoune y dî: "Bé prend, si pou ou."
5 Coma y dî ça, mousse di miel y arrivé son tour. Y sitini
Qui di miel là pou li. Mousse zonne pas oulé conveni.
Ala zaffai y alle la police. Zize y embarassé, à présent.
Y pas conné qui ça qui na raison.
Témoin y dî y ti ouar p'tit bébêtes plein sirop, sorti dans
                                        gauffes,
10 Y dî zott ti ana lé zailes, ti pareil p'tit mousse di miel
Mousse zonne y dî ça son pitits ça, qui zott ti barbouye èque si-
Pou empèce zott crié. Zize pas conné qui y a dî.   rop,

Y renvoye zaffaî dans hui zoû, pou rode l'aute témoins.
Au bout hui zoû, eine quantité dimoune y arrivé pou sèvi témoin.
15 Zott causé, causé, Zize pas ouâr nâien
Là eine mousse di miel y dî: "Mais zott, pas bisoin tout ça dou-
Pou conne la vérité. Acouté, Votre Honnè;   moune la.
Fais nous fai di miel divant ou. Pas va bisoin l'aute la prève.
Ça qui va vine à bout fai di miel, li même son maite gauffe.
20 Mousse zonne pas oulé consenti ça magniè là,
Là Zize ti ouar clair. Y ranne mousse di miel son gauffes,
Y condanne mousse zonne paye l'amanne.

14

LE CHÊNE ET LE ROSEAU

Ein zoù ein grand pié ceinne y dî èque ein piè roseau:
"Vrai; ça y faî moi la peinne ouâ ou pousse comme ça au bô di
Comma dî ein p'tit zenfant qui n'a pas maman,   l'eau
Pli p'tit di vent qui vini, y faî ou pliye en dé.
5 Zoû grand la pli, ou pas couâr magniè mo çagrin.
L'hère la riviè y débôdé, y couvè ou. Comme si mo gangne pè di lo
                                        va amène ou.
Encore, si ou ti a vine caciette en bas mon brance,
Mo ti a gardien ou bien; mo pas ti a tremblé pou ou part."
Pié rozeau y dî: "Merci ou bonne volonté; mais mo pas oulé alle
                                        caciette cot ou.
10 Mo bien côt mô été. Quand di vent èque la pli y passe lô moi,
Mo dômi plate à terre, assez; mo pas bisoin trammé pou nâien.
L'hère tout grand tapaze ine passé, mo dressé, mo lève diboute.
Tandisqui ça qui tini la tête, quèque fois y vire boute pou boute,
Ou couâ ou bien fô à cause ou pancore zoinde ou maite
15 Mais dans quèque temps ou a touve li."
Y pas ti encô fini causé, ala ein grand divent y arrivé!
Gros pié ceinne y tini fô comma la rôce. Rozeau y baisse en bas
Rafale di vent y vine pli fô encò. (Mo couâ ti dans coude vent 66
Y déracine pié ceinne, en bas!!   ça)

15

CONSEIL TENU PAR LES RATS

Longtemps ti ana eine çatte. Zamais doumoune ti ouar eine scélerat
Ça ti ana tout nespèce mangniè pou tiombo lé rats.   comme ça.
Si tellement y ti fine tiombo ein quantité, dé trois qui resté n'a
                              pi ti capab sòti dans trou.
Zott ti bien ouâ qui la faim va faire zott mò, pô p'tit bête.
5   Zott ti n'a pas nâien pou manzé. Eine entré zott y dî:
"Mais nous pas capab resté comme ça. En nous rode mangniè
Pou nous sòti là. Moi mo fine gangne ein mazination:
En nous amarre ein p'tit la cloce dans li cou çatte;
Quand y a vini, la cloce va sonné. Nous a capab sauvé
10   Avant çatte y entré." Tout y dî: "Çan même!" A présent,
Ti fallait trouve eine lé rat bonne volonté,
Pou amarre ça zaffaire là dans li cou çatte... Eine y commence dî:
"Pas coma moi qui pou alle séyé. Ein zaffaî ein pé danzéré ça."
- Eine l'aute y dî: "Ça pas badinaze ça; pèsonne pas oulé allé.
15   Zott pè çatte coma diabe! Zott sépà comme ça mèmme
Pas na eine qui ti oulé allé.

          Tout doumoune y conne donne conseil,
          Mais l'hè y ana eine danzé
          C'est à qui y quile pà dèriè.

16

LE LOUP PLAIDANT CONTRE LE RENARD PAR DEVANT LE SINGE

Eine fois eine Loulou ti après plaingné
Qui doumoune y vole son quéquechose.
Y ti dî pas n'a l'aute qui Rénà, qui capab fair ça.
Rénà ti resté proce, là même côt li. Pou coquin, pas n'a son maîte
                              coma Rénà.
5   A soir y lève la line couçant, y alle promné promné,
Y vire vire touzoù dans paraze poulailler.

Quand même li cien y aboié, doumoune pas sôti, zott pè malfaisants.
Sollement son lend'main, zot ouar touzoù eine quantité volaille qui
manqué.
Zoù qui zot bliye ferm pâc mouton, zot capab sî son lend'main va
10 Coma zott conné Loulou aussi y content la viande,   [manque eine.
Zott mette né né lô li aussi. Zott dî: "Réna pas ti a capab manze
tout ça li tout sel.
Ala ein zou, Loulou même y vine plaigné. Zot envoye çasse Rénà.
Rénà y arrivé. Zize y démanne li si li qui ti coquin zaffair Loulou
Tout souite même, Réna y dî pas li. Loulou y en colè;   à soir.
15 Y dî: "Longtemps ou après coquin pâtout, pâtout. Ça y dézagréabe;
Faudrait ça y fini. Mo couâ la police y dômi.
Lé temps y commence ouvè li zié." Zize là ti eine macaque;
Y envoye appelle eine tiquetaque. (Zott conné, tiquetaque eine bé-
bète qui ana l'esprit)
Zize y d'manne tiquetaque si Rénà y ana tô.
20 Tiquetaque y dî: "Oui." - "Mais alorsse Loulou y ana raison?"
Tiquetaque y dî: "Non." - Macaque y dî zott: "Ah ben, mon scélé-
Alle en prison zott dé, zisqu'à l'hè zot a paye l'amanne."   [rats,

17

LES DEUX TAUREAUX ET LA GRENOUILLE

Ein zoû, dé tauraux ti après la guerre au bô la rivière.
Eine gounoui qui ti après guette la guerre, y commence pléré.
Son band' camarades y riye li. Zott dî: "Pô diab! guette li!
Ah! mon Dié Seigné!" Eine l'aute y dî li: "Mon sè, qui ou gangné?
5 Ou après plaingne plaingné là? Zence là y la guerre, laisse zot.
Qui ça y faî ou? Coma dî zistoî: Zaffaî cabri pas zaffaî mouton."
Si ou ti a mazine môceau, ou ti a pléré, ou aussi. Ou a ouâ,
Quand zott a fini faî la guèr bien comme y faut,
Ça qui pli faye va vine caciette ici. Quand même nous a d'manne
10 Y a craze craze nous en masse."   pâdon,
Ah ben! y pan cô fini causé, ala eine tôreau y tayé.
Y vine dans di lo; y pile pile dans zons, pou caciette son camarade.

Y craze gounoui par pangnier.

      Quand M'sié èque Madame y dispite,
15   M'sié y vine tî son la colè lô nous.
      Tout son mauvais zimè y passe lô nous lé dos.

      [Ça qui pli faye y ana touzou tô.
      Ça memme qui l'hè pou manzé,
      Zot mette li cien déhô
20   Ça l'hè la, blanc qui faî pécé.]

18

LA CHAUVE-SOURIS ET LES DEUX BELETTES

Ein zou ein p'tit soussouris bananne,
Y tomb' dans trou ein zanimau qui zott appelle bélette en France.
Ça bebête là y dî: "Grand mèci bon Dié! Moi fai bon cari à soir;
Ça eine soussouris ça qui bon Dié y donne moi pou soupé."
5 Soussouris bananne qui pas bête, y dî li: "Si ou na li zié,
Guetté; ou a ouâ moi pas eine soussouris.
Moin na lé zaile, bien comme y faut. Pârdon!
A pa prend moi pou soussouris si ou plaît." Bélette y dî li:
"Ah ben allé." Soussouris pas démanne plisse, y tayé même.
10 Eine l'aute zoû encô, (Moi pas conné si soussouris ti fine boî,)
Y alle tomme encore dans trou eine l'aute bélette.
Bélette qui content la vianne y dî: "Ala ein zôli p'tit zoizeau.
Moi faî ein bon p'tit rôti." Y empongne pauv' soussouris bananne.
Soussouris bananne y dî li: "Mais ou folle? Qui ou gangné?
15 Ou ouâ plime lô moi? Si moi zoizeau, plime-moi;
Ou pas ouâ moi eine souris?" Qui bélette ti capab dî?
Nâien di tout. Soussouris bananne y sauvé.

[Comme ça qui zence bon paôle
Y vine à bout dégaze zot lé cô,
20 L'hè zot gangne ein môvais zaffaî.]

19

La Lice et sa Compagne

Ein zoù, dans temps l'autrofois, (en pâlant pà respect)
Ti ana eine fémelle coçon. Zot connait coma la viande côçon y bon!
Ça côçon ti fine fai zami, èque ein fémelle li cien qui ti pleine
gros vente.
Li cien là y dî côçon ein zou: "Mô prôce pou mette bas.
5 Si ou plaît, mon ser, prète moi ou pâc dé trois zoù,
Pou moi mette mon pitit." Côçon y dî: "Eque plaisî, mon ser.
Li cien y vini, y mette bas. Son pitits y grossi, y vine forts,
Y conne môdé, zappe zappé tout la zoûnée, môde p'tits côçons.
Quand côçon y ouâ tout ça, ça fine ennouyant li;
10 Y dî Maman li cien: "Mon sè, à présent ou pitits y fô, ou capab
Allé? Qui ça qui dî ou ça? Eque qui ou causé, côçon?   allé."
Eque moi-même? Mo pas couâ ça." Coçon y dî:
"Mais pâc là pas pou ou ça, pou moi.
Ça coma dî ou batte pè ou prend son robe." Li cien y réponne:
15 "Mo fou pas mal! Si to coua pâc pou toi, vine mette moi dêhô,
Nous a ouâ qui ça qui na raison..."
Coma y dî ça, y commence grongné: Houanan an!
Y mette tout son lé dents dêhô. Ala côçon qui tayé!
Mais li cien èque tout son banne pitits, y bate li, y faî li resté.
20 Zott môde môdé li zisqu'à y mô.

[Pareil ça contèr noâ qui dit:
Baton pa tap pli fô qui sabe
Tout doumoune y conné bon kè crab
qui empèce li gangne la tête.]

20

Le Meunier, son Fils et l'Ane

Zamais ou pas capab contente tout doumoune.
Ça qui eine y content, l'aute y haîe; y ana qui content travail,

Y ana l'aute qui content dòmi. Eine y pense eine mangnièr,

L'aute y pense l'aute mangniè. Alorsse, au mié pas séye con-

5 Ça même qui mo oulé faî zot comprend: tente pèsonne.

Ein zou, ein pauv' vié zhabitant, ti oulé alle vanne son bouique.

Y décenne en ville èque son gâçon pou mette bouique en vente.

Pou zot pas fatigue bouique, zot porte li dans bancâ.

Promié doumoune qui zoinne zot, y commence rié: Qua! qua! qua!

10 "Zôte! vine guetté miraque!! Zott prend la peine fatigué,

Pou amène bébête qui ana li pié pou mâcé?

Li dos bouique ine faî exprès pou amène doumoune ça!"

Là comma zott tanne ça, p'tit gâçon y monté lo lé dos bouique.

Vié bonhomme là y alle à pié.. Ein p'tit moment,

15 Zott zoinne trois nigociants. Zott dî p'tit gâçon:

Pas ou qui doite monte bouique. Ou pas`ouâ ou papa y vié?

Ou ou ana bon la zamme, ou encò fò."

Vié bonhomme y dî: Ben oui, pou faî zot plaisî, moi monté.

P'tit gâçon y décenne,, li li monté. Zott alle zot trois.

20 Ein p'tit moment, zott zoinne trois zenne fi.

Einne y dî: "Mais guette ça bonhomme! Pareil ein vié male macaque

Ein sac la paille même ti a pli mié qui li." [lo lé dos bouique.

L'aute y réponne: "Ça eine bouique lo lé dos bouique ça;

Ou a dî moi y pas honté ouâ son gâaçon après fatigué?

25 Li lo çouval comma grand blanc!! Guette li!

Pareil ein vié çatte èque son lé dos rond! Bonhomme y réponne:

"Mo ti ana même nidée qui zott.

Mais zott pas bisoin dî moi tout ça paroles fiçant là.

Là y faî son gâaçon monte pà deriè li.

30 Zott pas ti encò faî dé pas, zott tanne doumoune après causé:

Y dî: "Ça bébète là doite fatigué! Pas zouzou amène dé gros lé cô

                                              comme ça.

Y faî la peine. Faudrait couâ bouique y ana bon la zamme.

Pou pòte dé gros cadab comme ça.

Bonhomme y commence ouâ tout ça y embètant.

35 Mâgré tout y dî: "Laisse-moi ouâ, si mon capab faî plaisî tout

                                              doumoune."

Zott desçanne tout lé dé. Zotte alle à pié derière bouique.

Eine doumoune y zoinne zott, y dî: "Manman!

Mais guette ça zence là! Y après ize zott soulié, pitôt monte lô

                                              bouique.

Faudrait couâ qui zotte sotte, oui!! A la fin,
40 Bonhomme fine en colè. I réponne:: "Mô ouâ bien,
Mo pèdi lé temps acoute conseils doumoune.
A présent, quand moin na quéque çose pou faî,
Moi pas pou prend conseil èque pèsonne.
Mo faî ça qui mon lé kè y dî moi, moi-mème.

45   Zhomme là ti ana raison.
Pas b'soin zammais acoute conseil camârde.
    Sivré ou nidée, pou ou mème.
Zaffai cabris pas zaffai moutons.

21

Le Renard ayant la queue coupée

Grand moune y raconté qui eine zou, réna fine tomme dan lâ soun-
                                goula.
A fôce débatte, y réissi sôti, mais son la qué y resté pris dan lâ.
Réna y commence maziné qui mangnière y a fai
Pou empèce son camarade riye li.
5 L'hè y fine bien maziné, y trouve ein mangniè; y content.
Ça zoù là même tout réna dans pays ti pou assemblé;
Zot ti ana eine zaffai pou arranzé.
Papa Réna, pou empèce les zot ouâ son la qué coupé,
Y resté assise tout lé temps, lô canapé. Là, y dî:
10 "Zot conné dimain nou pou alle dans poulayé.
Mo couâ nous a capab bien entrer, bien sôti,
Mais pou ça y ana quèque çose qui faudrait fair.
Y ana ça la qué, qui zène zène nous, quand nous oulé tayé.
Quand nou gangne pris, touzou pâ la qué. Mô couâ nou ti a fair
15 Pou empèce malhè tomb' lô nous,   bien,
Coupe tout la qué ein coup."
Eine Réna qui ti ein pé malin, y dî li: Ça y vrai!
Mais nous ti a content, si ou ti a lève douboute ein pé."
Réna y bisoin lévé; zott ouâ mongnon la ké qui resté.
20 Zott commence riyé: Qua! qua! qua! qua!

Pauve Réna y gangne honté, y tayé,
Y alle caciette dans bois.

22

L'AIGLE, LA CHATTE ET LA LAIE

Trois zanimaux ti resté ensemb' dans ein gros pié di bois.
Coçon, li ti fine fair son la case, en bas, dans racine,
Ein pé pli haut, cotté brance y commence poussé, çatte ti fair
                                                     pou li.
L'aigue, lé temps li eine zoizeau, tout à fait la haut, dans
                                                     brance.
5 Tous les trois ti ana piti. Ein zou, çatte y déçanne cot coçon, y
                                                     dî:
Mo ti alle rode môceau la'vianne salé, là haut cot l'aigue, pou
                                                 fair carry,
L'aigue y dî moi: Attanne dé trois zou, mo couâ moi capab donne ou;
Promié fois qui coçon va sôti, moi vole son piti."
Y montré moi son di sel èque son potice, tout paré,
10 Pou mette ou piti quand y a fine salé.
L'hè çatte fine fini dî ça coçon, Vrap!
Y monte cot l'aigue; y dî: "Bonzou, comè.
Moin na quèque çose pou dî ou: côçon en bas,
Y fouille tout lé temps, pou déracine pié di bois.
15 Alè mo préveni ou azord'hi, à cause ou a capab gangne malhè.
L'hè y a fine détè tout racine, pié di bois y a tombé.
Si nous pas là, l'hè y a tombé, coçon y a manze nou piti.
Moi, moi fine trouve eine l'aute p'tit place, pou moi sauvé.
Grand mèci bon Dié, mo vine à bout amène zot èque mon lé dent.
20 Tantôt nous a sauvé, bien comme y faut.
Alà mo fine avèti ou, faî attention, ça pas zouzou."
Alà à présent, tout les dé Maman piti,
Qui pas pense si çatte après faî zott ein nice,
Pas oze sôti pou alle rode manzé.
25 En gâ l'hè zot va déhò, malhè va arrivé derrière.
A fôce resté sans manzé, tous lé dé y crévé.

Çatte, qui ti après veille ça même,
Y mette zott dans son mâmite, y invite tout son zami.
Y fai bon carry èque coçon, y faî bon bouyon èque l'aigue.

30 Ça y faî nous ouâ, quand doumoune y oulé faî di mal,
            Diabe y donne zot l'esprit
    Zott pas doite zamais bliyé méfié
            Gence qui ana bon parole.

23

Le Loup et la Cigogne

Zott conné comma Loulou y goûmand,
Y content manze vitement vitement.
Ça eine mauvais zanimaux qui ana tout sôte vices
Y pli volè qui çatte; mais y pas oulé manze lé rat.
5 Son manzé pou li, bon mouton, poule, cabri, dinde, coçon.
Y pas oulé faye faye manzé, son la tabc touzou bien gâni.
Pli mié qui la tabe blanc. Ein zou, y ti faî eine diner èque ein
Y avale eine lé zo en travers,   p'tit mouton.
Lé zo y resté pris dans la gôze. Mâgré tout, y pas tranglé,
10 Mais y commence toussé coma zence potrinaire: Quehein! quehein!
Eine ouasine y tanne li, y dî: "Compè, qui ou gangné?"
 - "Pas causé, comè; mo fine gangne tranglé. Ou pas capab
Séye tî ça lé zo là dans mon la gôze?" L'aute y dî:
"Laisse moi séyé. Douboute droite, ouvè ou la bouce."
15 Loulou y ouvè son grand la gaîle, ou a dî eine four.
L'aute y fouyé la dans èque son la bèque.
A fôce rodé, y trouve ça lé zo là, y risse déhò, bien come y faut.
(Moi ti oublié dî, ça ouasine là ti ein fémelle còrbizo.)
L'hè ine fini, y démanne Loulou son l'âzent. - "Qui ou dî?
20 L'âzent! Ou pas dî grand mèrci mo pas ti avale ou,
Quand la moitié ou lé cò ti dans mon gaîle? Foulcan!

Dipis ça zoû là zot dî qui beffe
Zamais dî mèrci la terre cot y manze zêb.

24

LE LION DEVENU VIEUX

Zot conné qui Lion pli fô qui tout zanimaux dans bois.
Ça fait, ti ana eine, eine fois, qui ti proce pou mô.
Y ti fine vié, vié tout à fait. Y ti malade dans son la caze.
Pôv vié bête! Ti faî la peine tanne li plaingné!
5 Les zaute zanimaux qui ti haîe li,
Y vine çaquine son tou, pou flanque li ein coup.
Çouval y avancé: Bif! ein coude pié dans la gaîle, casse son lé
Beffe, son tou, y donne li ein coude cône,   dent;
Loulou y donne li ein coude lé dents: Yang! Zisqu'à çatte,
10 Qui vine donne li ein coude griffe! Pauv' Lion y dî:
"Bon Dié qui maîte! P'tête y faî moi souffè tout ça là,
Pou mette moi dans Paradis!" Y sippôté, y pas ni miré.
Ein p'tit moment, y ouâ bouîque vini, pou batte li, li aussi.
Lion y commence pléré; gros di lo y coulé dans son li zié. Y dî:
15 "Bon Dié, Seignè! Guetté, quand ou dans malhè, ça qui arivé!
Zisqu'à bouique aussi, qui vine batte moi! Non, ça trop fô!
Au mié bon Dié y faî moi mô, pitôt.

[Ça lion là y comma commandè.
Quand zot fine gangne malhè, zot pas commanne encô.
20 Zot resté travaille dans zâdin, nous pli fô qui zot,
Zot paye malice qui zot ti faî nous, l'hè zot ti tiombo rotin.
Pli faye nègue dans la cou
Y vine fou li coude pié!]

25

LE LION AMOUREUX

Dans temps qui zanimaux ti conne causé,
Quéque fois ti ana pâmi qui ti ana toupet rode mârié èque dimoune.
Ça y drôle mais ça y vrai mèmme.
Alorsse eine zou, eine Lion en passant prôce la caze eine blanc,

 5   Y ouâ zenne fi ça M'sié là après faî ein bouquet flè.
     Lion y ouvè son gros li zié, y ouâ ça fiye la zôli.
     Tout souite, y commence content li. Y na pi dômi, ni manzé, ni
     Zisqu'à la fin y pas capab tini. Y envoye son maman,   boir.
     D'manne ça fi là en mâiaze pou li. Papa fiye là y dî:
10   Mon fiye y bon pou mâié, oui; mais solement,
     Lion pas ein zhomme pou moi donne mon fiye, ça.
     Son grif' va déçire la po mon pitit. Ein zhomme comme ça, ça eine
                                                        malhè, ça.
     Mais si y pè l'amoû y a faî li mô, dî li coupe son griffe,
     Quand y va na pas grif', nous a ouâ ça."
15   Zot alle raconte ça Lion. Lion y rêponne: "Ça pas bien difficile,
     Ça pas nâien. Moi faî zot ouâ, ça qui ein zhomme y capab faî,
     Quand l'amoû fine entré dans son lé kè."
     Là même y prend ciseau, y coupe zongue au ras la peau.
     Quand y ti fine faî ça, Papa mamzel là, y dî:
20   "Mais ou ana gros li dent. Mo pè quand ou embrasse ou madame,
     Ou li dents a perce son la lêve."
     Pôv Lion y trouve ça ein pé embètant; mais y dî:
     Pisqui mo fine déza coupe mon zongue, mo pas capab réquilé.
     Mo conné, quand moi fine tî tout mon lé dents,
25   Moi blizé manze la soupe tout le temps.
     Mais pisqui mon lé dents doite tombé quand moi fine vié,
     Mo capab faî ârace tout à présent même."
     Ça fait, y envoye çasse Bomme Antoinne, qui conne arace lé dents;
     Y faî tî tout, eine après l'aute. Après ça y faî dî ça M'sié là:
30   Mo na pas ni zongue, ni lé dents.
     Faî dî moi, si mo capab vini, à présent." Papa là y dî oui.
     Zisqu'à ça zou là y pas ti mette l'aute quéque çose.
     Qui cimize guingan, çapeau d'paille 50 sous, gros soulié.
     Y oulé habillé à présent: Y alle magasin la môde,
35   Y aceté eine rédingôte pou li vine zôli gâçon.
     Y faî taille eine quantité quilotte, l'hâbit, zilet dé d'sous.
     Y alle cot côdongnier, y aceté trois paî bottes, dé trois paî
     Y aceté foulâ, ein monte èque ein la çaine,   soulié
     Doumoune même ti honté, ouâ li faî tout ça bétises là...
40   Quand y ti fine habiyé bien comme y faut,
     Dipis li pié zisqu'à la tête, raide coma ein baramine,

Y allé, pou li faî l'amoû...
L'hè y arrive dans la coû zenne fî là,
Qui zott couâ y zoinne? Y trouve ein banne li cien,
45 Qui commence faî tapaze, aboye èque li, zappé, môde li,
Déçire tout son quilotte... Tout domestique,
Ein banne mâmaille, y vine èque gros baton.
Zott tout zot tomme lô son lé dos, batte li, ou a dî zourite;
Faî li danse eine bon dansé. Ala pôv Lion qui fine pris!
50 Dans tout son bel costime! Y ti na pas ni lé dents pou môdé, ni
                                        zongue pou griffé.
Y ti bisoin souffè tout çala. Y ti ouâ, mais trop tâ,
Qui fiye là pas ti pou son néné.

Dans ça zistoî là, y ana bôcoup parole pou comprend:
Zence qui pas content mangnié qui bon Dié ti faî zott,
55 Y capab sî plaingne malade lé dos après.

26

LES MEMBRES ET L'ESTOMAC

Ein zou, li pié y dî èque la main: "Faut couâ nous dé là, dé
Pou travail tout la zounée, pou faî plaisî les zautes.   sottes
Einque vente tout sel qui profite tout. Lé temps qui tout ça y
N'a dé quoi pou en colê. Coma moi, moine décidé   fini.
 5 Passe la zounée azord'hi nâien faî.
Moi pas oulé mâce encô pou porte les zautes.
Ou, contigné travaille, si oulé." La main y dî:
"Ça eine raison. Ou qui passe dans la boue, dans piquants,
Dans tout môvais cimin. Gangne piqué, gangne crab, gangne foulé.
10 Moi mo encore plis malhéré qui ou. Mo pas gangne nâien,
Dans tout ça travail qui mo faî. Pou qui nous reinté?
Tout l'temps pou vente. Est-ce qui nous domestique vente?
Pâdon Seignè! Moi mo pas couâ si bon Dieu qui fine arranze ça
Ça pas zisse, ça. Liberté pou tout doumoune.   comme ça.
15 Nous pas capab touzou souffè pou donne vente manzé.
Moi mo faî coma ou dî." Alorsse lé dos,

Qui ti après acoute tout ça y dî zott: "Ça pas eine paôle ça.
Mon camarade, acoute-moi bien: "Dans lé cô doumoune
Çaque môceau y ana son l'ouvraze pou faî.
20 Ça qui eine y faî eine coté, y nécessaî pou tous les zautes;
Quand vente fine manzé, pas li qui profité.
Ça y sêvi pou donne-nous la fôce. Li son l'ouvraze dizéré
Faî bon di sang, bon la graisse. Donne çaquine p'tit môceau pâ-
                                        tout pâtout,
Pou soutni la vie bien comme y faut. A soir après la côvée,
25 Zot n'a pas nâien pou faî. Zot alle dômi tandisse qui pôv vente
Faudrait qui li travaille la nouite coma li zoù.
Y pas conne réposé ni dômi comá nous.
Pèrsonne pas conné qui la peine y gangné.
Mon zamis, tout ça qui bon Dié y faî y bien faî.
30 Çaquine doite ête faî son pâ l'ouvraze lô la tè.
Ala moi! Ouli ça qui plis môvais la çance qui moi?
Mo couâ dans Ciel, plis bon place va pou lé dos.
Si li pié y oulé alle marron, pas li qui payé.
Si la main y oulé faî paresse, pas lô li qui zott tapé.
35 Tout zaffaî y tomme lô moi. Et zott vinc à bout dî moi mo paresse!
Moi ti a plis content toûne eine la melle, pitôt.
Mazine ça qui mo dî là; moi pas béte.
Gence qui fine souffè, y conne la misêre.
Pitôt, faî ça qui bon Dié y oulé: Ça la loi, ça.
40 Si eine entré nous y a révolté, pèrsonne pas capab vive.

        Quand memme lé dos ti fine dî çà,
Li pié èque la main pas oulé conveni.
Zot resté dans la caze; pas oulé travail pou donne vente manzé.
Dé trois zoû après, la faim y commence ravaze zott.
45 A fôce boî di l'eau, pôv vente y vine gros comma calbasse.
La main y vine tout maig maig.
La peau y vine flaque, zamb y vine coma eine bâton.
Pas ni capab faî li pié mâcé. Zot tout y mô...
Noîrs, mon camarades, zot la main èque li pié:
50 Pas b'soin zamais blié dévoué zot pou boûzois.
        Ça vente, ça.

27

LE BERGER ET LA MER

Eine nègue eine fois, ti fine réissi gangne ein p'tit troupeau
Ti ana cinq. Y loué ein p'tit môceau la tê, bô la mê.   cabri.
Y pas ti gangne bôcoup l'âzent, mais li ti content.
Tout les zoù y ouâ navîr qui vine débarque ein quantité mâçandises
5 La boisson, la toile, tout quéque çose. Gence qui amène ça,
Y dî zot gangne plein l'âzent presqu' sans faî nâien.
Nègue la y dî: "Si mo vanne mon cabri, moi gangne l'âzent;
Moi capab mette dans zaffaî. Moi aussi, moi vine gros zence.
Tout d'suite, y vanne son cabri; y mette l'âzent dans ein navî
10 Navî y allé. L'hè y arrive èque marçandize,   contravention.
Gâde qui ti après veillé coma çatte y veille lé rat,
Y saizi tout mâçandize. Ala pôv zhomme là,
Qui bisoin loué son lé cô èque tranzé, pou capab vive.
A fôce travail, y gangne encô ein pé l'âzent, y aceté dé trois ca-
                                                              bris.
15 Son troupô y péplé... Ein zou, y ti après guette lô di l'eau salé,
Y ouâ ça navî qui vini pou déçaze encô mâçandize.
Capitaine y appelle li; y d'manne li si y pas oulé mette l'âzent
Y réponne: "N'a pas moi!   dans eine zaffaî encô.
Ou oulé mo donne encô mon l'âzent gouvênement?
20 Hé hé! Moi pas bisoin faî encô bêtises comme ça.
Mo bien coma mô été.

28

L'ÂNE ET LE PETIT CHIEN

Ein zou, dans la caze ein blanc, ti ana ein p'tit li cien.
Mo pas conne bien si ti ein mâle ou bien ein fémelle;
Tout ça qui mo conné, y ti bien zôli. Son maite ti content li.
Si zot pas ti mette li à tabe comma tout doumoune, l'hè diner,
5 Pas dî zot pas ti oulé. A cause y pas ti capab resté assise
                              droite lô son courpion.

Ça zaffaî là, y pas ti vine à bout di tout.

Après aussi, y pas ti oulé sêvi ni couteau, ni foûcette, ni sê-
                                                        viette.

Y dî: "Bon Dieu ine donne moi bon lé dents pou manze avec.

Y ti donne moi mon la langue pou souyer." Y pas ti ana tô.

10 Si ti envie allonzé, canapé ti là, pou ça. Si y ti envi dômi,

Robe Madanme y sêvi matlas. Et pis zott ti resté embrasse li,

Donne li bonbon, faî li dômi dans bêceau ou a dî p'tit zenfant.

Y ti capab vanté qui li bien héré.

Malhérézement tout doumoune pas na memme bonhè...

15 Ein bouique la coû qui ti ouâ tout ça là, y dî:

Mais mo ti a capab faî plisse plaisî mon maîte,

Qui ça vilaine p'tit li cien là. Qui empèce moi faî coma li?

Si zott oulé bien guetté zot a ouâ qui moi ein plis bel zhomme qui

Dimain faudrait mo séyé... Son lend'main, ala pôv bète,   li.

20 Qui entré dans salon; y saute lô canapé èque son gros la patte

Y oulé embrasse Madame. Y saute à tê, lève ein la patte   sâle.

Pou faî coma li cien lô savatte M'sié qui ti à tê.

Faî eine la mâ dans salon. Ala Madanme qui envoye la ouâ.

Tout domestique y arrivé èque batons, rotins; zot tomme lô M'sié,

25 Eine eine côté, l'aute l'aute côté. Donne li ein bon p'tit bôdée.

Pou montré lî faî malin.

        Tout ça y montré zot, camarades,
        Qui faudrait pas çerce flatté.
Bon valé y gangne touzou la ké coupée.

29

LE COMBAT DES RATS ET DES BELETTES

Quand mème sêpent pas ressemblé çatte,

Mais tous les dé y haîe lé rats. Ou a dî bon Dié

Ti faî les rats pou zot manzé. Tout ça là môvais bébètes.

Çattes, les rats, sêpents, moi pas conné aque faî zot lô la tê.

5 Pisqui bon Dié fine faî zot, faudrait couâ ti nécessaî.

Bon Dié y conne bien ça qui li faî.

A présent moi raconte zot eine zaffaî qui ti passé longtemps,
Entre lé rats èque sêpents. Lé rat ti oulé la guê.
Alorsse zot commence faî préparatifs tout cotés,
10 Zot rassamblé; zot çoisi sêzents, zofficiés, ceffes, zot exêcé.
L'hè zot ti fine bien exêcé, zot ti couâ zot fôr.
Zot tout zot sôti déhô pou alle attaque banne sêpents.
Zot zoué ein p'tit l'aîr d'marce, tout zaffaî.
Mais l'hè zot fine arrive divant banne sêpents,
15 Là qui ti ana zaffaî!! Zofficiés lé rats y commance d'manne di lo
Mâgré tout, quand memme,   di sic.
Zot tremblé la pè, zot commence la guê.
Mais l'hè zot ouâ grains di plomb y tomme coma la pli.
Zot tout zot envie tayé. L'hè zaffaî y après çauffé,
20 Zot tout zot sauvé. Zot tout zot dî: Avant nous mô,
Bon pié, sauve môvais lé cô."
Soldats, zofficiés, tout doumoune y tayé à présent.
Soldats y entré dans tout p'tit trous, dans tous la fente qui zot
                                                    trouvé.
Banne ceffes, zott, ti fine mette ein nespèce plimet pou distingué
25 L'hè zot oulé entré dans trou, pas fouti; plimet là y zenne zot.
Ça fait, zot oblizé resté déhô. Sêpent y tomme lô zot, y touye zot
Eine, pas ti çappé.   en masse.

[Maziné qui massac sèpent ti fai èque zot!
Coma dit ou zette p'tit mil dans poulayé
30 Eque poule qui habitié manze di riz.
Zizé ou memme qui dégat!]

30

Le Loup, la Chèvre et le Chevreau

Ein zoù ein fémelle cabri y alle rode manzé.
Avant y sôti, y fême bien son la pôrte à cause Loulou.
Après, y dî son pitit: "En gâ ou ouvé la caze!
N'impôte qui cenne la qui vini, mo défanne toi réponne.
5 Faî coma dî ou dômi. Ou tandé, hein? Solement,

Si ça doumoune là y dî: "Q... Papa tout Loulou"
Toi conné par ça paôle, qui ça ein bon zanimaux;
Alorsse, toi capab ouvè la porte. Coma y dî ça, y allé.
Ça l'hè là ein gros papa Loulou ti fine caciette déièr la caze
10 Y tanne tout ça qui Maman cabri après dî.   cabri.
Tout souite, y pas pêdi le temps; y vine congne la pôte: to! to!
"Ouvè, pou moi gangne môceau di lô." P'tit cabri y réponne:
"Moi pas ouvè, mo pê." - "Qui ou pê?" - "Mo pê Loulou."
"Hân! Loulou qui ou pê! Q... papa Loulou pas mon fâmi, ça."
15 Cabri y dî: "Zoû Loulou si ou oulé. Mais pou moi ouvè la pôte,
Faudrait ou montré moi ou la patte. Si li blanc,
Alorsse ou pas Loulou. Là, Loulou ti ouâ qui p'tit cabri.
Ti plis malin qui li. Y viré y alle dans son la cour.

31

LE LOUP, LA MÈRE ET L'ENFANT

Eine doumounc eine fois, ti fine faî son la caze, loin dans bois.
Ein zou Loulou y vine masqué au bô la caze, pou rode manzé.
Dipis longtemps, y ti après veillé, y ti commence fatigué;
Y ti proce pou li allé. Là, y tanne ein piti crié. Y tanne son
                                                        Maman dî:
5 "Si ou pas bouce ou la gaile, moi zette ou èque Loulou...
(P'tit mâmaille bon ragout ça, pou Loulou).
Loulou y commence aranze son la gaîle déza.
Pitit coma y tanne nomme Loulou, y crié coma çatte matou.
Alorsse femme la y dî: "Mon pitit, pa pê. Si Loulou y vini,
10 Nous a touye li coma ein vié li cien."
M'sié y tanne ça y dî: "Ça pas bien, ça aque faî côse dé paôle?
Mais nâien; si mo zoinne ça p'tit mamaille la déhô,
Y a conne moi... Coma y dî ça, eine li cien y entré dans la coû.
Y saute lô Compè Loulou, y arrête li. Banne zence y vini èque ba-
                                                        tons,
15 Zot demann Loulou: "Qui ou faî, là?" Loulou y dî: Mo ti après
                                                        passé,

Mo tanne Madanme là côsé. Mo ti couâ tout paôle blanc y la vérité.
Mais mo ouâ bien qui ça pas comme ça." Femme là y dî:
Eh ou, Loulou; esqui ou couâ mo ti a donne ou mon pitit,
Qui mo ti gangne la peinne pôte neffe mois dans mon vente?
20 Mais ou fou, qui ou gangné? La zotte tout y tomme lô Loulou,
Assomme li coma zouite. Après ça zot touye li.

32

L'AVARE QUI A PERDU SON TRÉSOR

Ein zoû ti ana eine bonhomme qui ti ana l'âzent en masse.
Y fouye ein trou dans milié cimitiè, y entê son l'âzent.
L'hè y ti fine caciette ça, à tout l'hè y vine guetté,
Pou ouâ si tout y là memme. A fôce allé vini, toûné, viré,
5 Ein l'aute zhomme y ouâ li. Y pas dî nâien, y laisse li allé.
L'hè y ti fine allé, ça zhomme là y prend l'âzent y foulcan avec.
Son lend'main l'hè bonhomme y vini, n'a pas l'âzent.
Y commence gailé, batte son lé cô, y dî bon Dié faî li mô.
Eine l'aute zhomme qui passé, y d'manne li qui li gangné,
10 "Qui mo gangné? Zot fine coquin tout mon l'âzent!" - "Ou l'âzent?"
Mais à cause ou pas ti mette li dans ou las case? Aque faî ou ti
                                        mette dans la tê?"
Ou ti a capab visite li tous les zoû sans crainte volê.
Quand ou ti va besoin aceté quéque çose, ou pas ti va gangne la
                                        peine alle si loin.
Ou ti a trouve li proce lan memme." - "Qui ou dî? Depensé?
15 L'âzent trop difficile gangné pou dépense li comme ça."
L'aute zhomme y rié, y dî li: "Ah ben à présent entê ein roce dans
Va la memme çose pou ou comme si l'âzent y lan memme. [son place.
Quand doumoune y ana l'âzent, c'était pou sêvi li.
L'hè nous mô, quand y mette nous dans trou, qui nous emmenné?
20 Nâien. Y ana zence rice qui prive zot lé cô tout quéque çose.
        L'âzent ti faî pou dépensé.

33

LE POT DE TERRE ET LE POT DE FER

Eine zou ti ana eine çaudiêre èque ein gros pot latê.
Zot ti tout l'temps lô foïer dans la cousine, au bô di fé.
Çaudiè y dî: "Mon camarade, assez çauffe di fé comme ça.
Guette mangniè nous été: nous gangne crab, tout sorde zaffaî dans
5   Si nous ti va alle promné, nous ti a amise in pé.   [la cende là.
Anou sauvé nous dé." - "Qui l'hè?" - "Dimain." - "Eh ben bon!"
Son lend'main zot dé zot entré dans la riviè.
Çaudiê y commence congne l'aute; y donne li coude pié dans côté.
Prémié coup memme, pot y félé. Déziemme coup y cassé.
10 Y dî çaudiê: "Mon camarade, faî attation!" Çaudiê y réponne:
"Na pas moi l'autè; la riviê qui faî ça." Comma y dî ça,
Y donne encô ein coup. Pot y défoncé, y coule dans fond li lô...
Pas bisoin rode fréquentation èque zence qui plis fô qui ou.
        Ou risqué touzou gangne ein môvais coup.

34

LE PETIT POISSON ET LE PÊCHEUR

Ein zou bon matin, ein vié bonhomme ti après la pèce èque zain
Ça mangnié la pèce là, y difficile gangne poisson.
N'impôte qui faye quéque crocé, ou bisoin mette dans ou pangnié.
Vié bonhomme là ti là dipis ein hè de temps; y ti assise lô roce
5   Au bô la riviè pareil ein gros male macaque sans gangne naîen.
Son dé la zammes même ti fine engoûdi. Y ti commence envie dômi.
Y ti ana doulè dans li cou. Ein p'tit moment,
Y senti rhissé ein bon coup. Ein poisson ti fine môdé. Y rhale li,
Bien come y faut. Y trouve ein p'tit p'tit milet grossè p'tit doigt.
10 Tout souite y prend son pangnie, pou mette poisson là dans.
P'tit milet y dî: "M'sié, ou pas ouâ moi pancore bon pou manzé?
Qui bouyon ou a capab faî èque moi? Moi pèdi dans mâmite.
Largue moi pou azord'hi. Espère encô ein pé, moi vine plis gros.
Ou a vine la pèce moi encore, ou a vanne moi èque grand blanc

15 Va paye moi çèr." Pécè y dî li: "Si ou couâ moi ein sotte,
Ou ana tô. Mon piti, pisqui mo fine tiombo ou azordi,
Faudrait ou alle dans mâmite. Gras, maigue, gros, piti,
Moi pas capab aspè ein l'aut zou. Moi mette ou dans mon vente.
Nous aussi nous doit ête prend tout ça qui bon Dié y envoye pou
20 N'impôte qui ci ça.   nous,

35

LE CHEVAL ET LE LOUP

Ein zou bon matin ein Loulou y sôti dans son la caze.
Y ti mô la faim. Dipis la veille y pas ti encô manzé.
Y arrive dans la plaine y ouâ ein çouval. Y dî dans son lé kê:
"Ala bon manzé pou moi! Si mo ti capab tiombo li,
5 Amène li plis loin! Mais qui mangniè moi capab faî?
Ça pas mouton ça; faudrait faî malin bougue èque li.
Faudrait sèye prend li en doucê." Y arrive cot çouval, y dî:
"Bonzoù M'sié. Coma ou ouâ moi là, moi eine doctè,
Quand menme mo encô zenne mo conne bôcoup la tizânne.
10 Qui mo faî èque p'tits zêbazes. Là, mo vine rode ein qualité zêbe,
Qui mo bisoin. Si quéque fois ou malade, pas b'soin alle
Cot l'aute doctè. Moi donne ou bon la tisane, bon longuent.
Sans faî ou paye nâien." Çouval y réponne:
"Moin na ein gros piquant citron qui fine entré dans mon talon;
15 Gangne la bonté guetté, si ou plait, si na pas la cangrène."
Loulou y avance par dérière, pou guette li pié là;
Comment y prend son l'élan pou saute lô çouval,
Çouval y fou li ein coude pié dans son la gaile, casse tout son lé
                                                              dents.

Y ti resté sais pas combien zoù mange nèque di lo canze.

20 [Çan memme qui ti a bon arrivé
Eque tout doumoune qui faî mangniè
Pou embête son camarade.
Ça couval là ti ein malin bougue, ça.]

36

Le laboureur et ses enfants

Zott conné bon Dieu pas content zence paresse,
Zence qui prétend manzé sans gangne la peine planté.
Qui resté boî grog tout la zoûnée, çauffe di fé dans la cousine.
Resté accroupi dans la çanne pou griye bananne èque fri à pain.
5 Zott vine enflé coma tonne, zott gangne la zoinice.
Zott vente y vine enflé coma vente femme enceinte.
Ein zoù zot a crévé sans gangne lé temps confessé.
Ça pas eine la vie ein chrétien faî, ça.
Quand mênme bon Dié fine donne zot de quoi,
10 Travaille touzoù, pou soulaze ça qui malhéré.
Ça même ein zoù, ein vié zhabitant qui ti prôce pou mô,
Y dî èque son trois gâçons: "Zenfants, acoute bien
Ça qui papa pou dî zott. Zott conné mo quitte ein p'tit môceau la
                                                        tè pou zott.
L'hè moi fine alle dans cimitiè, pas b'soin zamais vanne ça la tè
15 Moi pas rapplé qui côté, mais si zot oulé oquipé,   là.
Fouye fouye pâtout, pâtout; à fôce à fôce, zot a trouvé..."
Là, quand zot papa ti fine mô, ça trois gâçons là,
L'hè zot ti fine pléré bien comme y faut, y commence piocé,
Piocé, piocé dipis bon matin zisqu'à à soir.
20 Zott fouye pâtout, boute pou boute. Zott pas trouve ein sou.
L'hè la tè ti fine bien piocé comme y faut, eine là y dî:
Qui nous a faî, à présent? Anou mette mangnoc, patate, bannanne,
Giromon, tout sôte plantaze là dans." Les autes y dî: "Ben oui."
Là zott commence plante tout sôde qualité léguimes.
25 L'hè fine bon, zot commence vanne. Zot gangne plein l'âzent,
Zisqu'à zott ti vine à bout louer ein zhomme pou travaille èque zot.
L'hè plis p'tit gâçon y ouâ ça y dî: "Zott, papa ti ana l'esprit;
Y ti conné y pas ti entè l'âzent; y ti dî nous ça pou faî nous
Grand mèci bon Dié à présent nous conné   travail.
30 Qui n'impôte qui travail ou faî, ou trouve l'âzent
Qui bon Dié fine caciette là-dans pou ou.

37

L'ÂNE PORTANT DES RELIQUES

Ein zou eine bouîque ti après amenne rélique
(Moi pas bisoin explique zot qui ci ça relique.
Si zot chrétien zot doite ete conné qui rélique y faî avec lé zo
Alorsse dont, tout bande chrétien qui zoinde li,   lé saints)
5 Y faî la prière, y çante cantique divant ça rélique là.
Bouique coma y ouâ ça, y couâ zot faî tout ça cérémonie pou li.
Son nennen y gonflé, y couâ li ein grand M'sié.
 Ein doumoune qui ti ouâ son bétise y dî: "Zott!
Zott fine déza ouâ miraque comme ça? Guette ça bouique-la,
10 Mangniè y vantâ! Coma dî li qui bon Dié!
Non zott, mais ça trop fort menme!" Là y prend son bâton
Y tomme lo lé dos bouique, boum! boum! Donne li son quantité.

Ça bouique là y pareil domestique qui sêvi dans la caze bouzois.
A cauze zot bien habillé, zot couâ zot plisse qui nous qui tiombo
                                                      pioce,
15 Zott couâ zot fine çanze la peau, zot couâ zot grand M'sié.
Mais zot lé dos pas à l'abri, quand menme;
Na d'zoû commandê y fou zot zott quantité.

38

L'AIGLE ET LE HIBOU

Quéque fois mo embarassé l'hè mo oulé raconte zot ein zistoî.
A cause mo nomme bébête tout sorde pays, qui zence ici pas conné.
Ala l'aigue là, ça eine zoizeau plis gros qui tout zoizeau.
Y pas manze lé ver ou bien frits, coma mêrne.
5 Y manze gros gros zanimaux. Y pli fô qui tout zanimaux.
Hibou au contraire, pô diabe, eine bébête qui touzou gangne pè.
Y faye faye, y capon, y paresse. Li eine zoizeau môfine.
Y vilaine comà pas possibe...

Eine fois l'aigue èque hibou ti fine faî zami:

10 L'aigue ti fine faî sêment, quand menme y a mô la faim,
Zammais y pas a manze pitit hibou. Mais hibou y dî li:
"Mon frè, ou pas conne mon pitit. Si ein zou zott tomme en bas ou
                                                   la patte,
Ou a manze zott sans conné si mon pitit." L'aigue y dî:
"Ah ben, pou empèce ça malhè la arrivé, dî moi comment zot été."

15 Hibou y réponne: "Mon pitit y zôli, y bel, y mignonne comma pas
Alà tout ça qui mo capab dî ou..."   possibe.
Alà au boute quéque temps, bon Dié y donne hibou dé trois zenfants.
Ein zoù à soir, hibou y trouve gangne bisoin sôti.
L'aigue y passé y trouve pitit hibou. Y ouâ quate cinq p'tit
                                                   zoizeau,

20 Dans trou ein vié miraille sombe sombe; ti pareil ein banne p'tit
L'aigue y dî:"Ça vilaine p'tit bébête qui dans trou,   diabe.
Pas pitit mon commè, ça. Ça moi sî... Là, y pas faî ni eine ni dé,
Tout souite y commence soupé èque p'tit zoizeau. Y avale tout.
Y quitte zisse son la patte dans nique pou son manman.

25 L'hè Maman hibou y arrive côt son nique, y couâ son pitit y dômi.
Y guette dans trou, y ouâ nèque la patte! Y commence gailô:
"An moun Dié! Pas na l'aute qui ça bourreau l'aigue qui fine capab
Y alle pôte ein plainte la police, Zize y dî li: faî ça..."
"Qui oulé mo capab faî? Ou ti dî l'aigue ou pitit plis zoli qui

30 Si l'aigue fini manze zot, ou menme l'autè.   tout pitit.
Y pas ti capab couâ si ça vilaine p'tit démon ti ou pitit.
Hibou einque y baisse la tête en bas...

       Y ana ein vié provèr qui dî:
Zammais macaque ti trouve son pitit vilaine.

39

L'OURS ET LES DEUX COMPAGNONS

Eine fois ti ana dé zhommes qui ti alle la çasse dans bois.
Zot ti fine associé pou travail ensembe. Zot ti touye tout sorde
                                                   zanimeaux.

Çaque fois qui zot gangne bonhè touye eine bébète malfaisant,
La police y donne zot ein bon prix. Ein zou zot ti à sec l'âzent.
5   Zot ti envie boî ein p'tit grog. Zot alle cot ein blanc, zot dî:
"Nous gangne bisoin ein pé l'âzent; si oulé donne nous d'avance,
Nous a touye ein bel l'oûs pou ou." Ça M'sié y dî oui y donne zot
                                        dé trois Roupis.
Zot alle la boutique, zot boî tout ein p'tit moment.
Son lend'main zot alle la çasse. Coma zot arrive dans bois,
10 Zot zoinne ein papa l'oûs qui commence grongner. Zot mô èque la per
Ça qui ti divant y bolté. Son camarade y zette son lé côr à tè.
Y faîre semblant mô. Y pas ni bouzé, ni prend respiration, nâien.
L'oûs coma y ouâ li à tê là y senti senti li, y dî: "Hé! ça y déza
                                        pi."
Y bouce son néné, y dî: "Si mo pas sauvé là, mo fouti; ça va donne
15 Coma y dî ça, y foulcan... Zhomme là y lévé, y dî: [moi choléra."
"Si mo pas ti malin bougue, azord'hi mo ti fouti...

[Coma zence qui sôti pou alle dans bois
La fiève y prend zot dans cimin.]

40

LE COCHET, LE CHAT ET LE SOURICEAU

Ein zoû ein p'tit souris ti manque pris dans pièze. L'hè y tourne
                                        cé li,
Y raconte zaffaî èque son maman. Y dî: "Mo ti après alle baingné
                                        la riviè,
Mo passe au bô eine la cou, mo allonze li cou pou moi guette enne
                                        dans.
Mo ouâ dé nespèce zannimaux. Eine ti coma coude vent, si telment
5   Y ti faî tapaze. Y envoye son la oua, ou a dî l'oraze.
Son lé bras èque son croupion ti dans ein banne plime coma la qué
                                        cervolant.
Lô son la tête ti ana ein môceau la viande; en bas son li cou
Ti ana ein môceau tripe. Dérière son li pied, dé longue piquants.
Comment mo ouâ li, moi haî li tout souite. Mo gangne pê, mo trembl

10 Mon di sang mème y mâcé dans mon lé cô. L'aute zanimau là,
    Pas ti pareil di tout. Si mo pas ti si tant pè, mo ti a di li:
                                              "bonzou papa"
    Mo couâ ça nous fammi; y ana poils lô son lé côr, eine longue la
                                                              qué,
    Zolis p'tits lizié gris. Son la figuî même y douce. Mo ti tayé,
    A cause mo ti pè ça l'aute bébête là. Mo ti zoû li!"
15 Son Manman y dî li: "Mon pitit, ou doite dî grand mêci ça bébête
    Ça eine qui ou ti ouâ zôli là, ça y pli méçànt qui diabe.   [là.
    Zot appelle li "çatte". Tout son l'ouvraze lo la tê, nèque manze
                                              souris èque lé rat.
    Ou bien hèré ou ti gangne pè. Sans ça ou ti fine passe dans son
                                                              vente.
    Ça nous bourreau ça. L'aute la qui ou haîe, pas faî nous di mal;
20 Au contraî, souvent souvent nous manze li.

    Y ana bocoup doumoune qui pareil ça souris là.
    Zot pas zize zot proçain par son l'esprit,
    Zot zize li par son mangniè habillé.

41

LE VIEILLARD ET L'ÂNE

Dans temps longtemps, ein vié blanc ti ana ein mâle bouîque.
Zammais eine bouîque ti capab plis gâté qui ça bouîque là.
Zot donne li tout sorde bon quéque çose, zisqu'à di l'eau di sic.
Son maîte ti trop content li. Pas bon gâte noirs. Ça y faî zot
                                              gangne malhè
5 L'hè zot çanze maîte après. Ça bouîque là ti grandi dans la caze
                                              memme.
   L'hè y ti fine gros, son maite y çoisi li pou faî son montîre.
   Mais ça pas ti eine travail nâien di tout; maîte là ti vié, zamais
                                              faî la coûse.
   Solement tous les dimances y desçanne doucement doucement pou alle
                                              la messe.
   L'église ti prôce, là memme. Bouîque là ti ana la çance memme.

10 Ou a ouâ, ta l'hè qui mangniè y ti faî son maîte, pou grand mêci.
   Doumoune y na raison dî: "Zamais noirs y trouve li bien cot li
                                                         été..."
   Ça fait donc, ein zou, ça vié blanc la ti lo lé dos bouique en
                                                  sôtant la messe,
   Zot passe cot ein p'tit can fataque. Bouîque y dî: "Maîte, mon
                                                       gosier y sec,
   Laisse-moi manze ti môceau." Son maîte y dî oui. Y desçanne,
15 Y tire son la bride èque son la selle, y laisse li allé.
   Bouîque y manze bien comme y faut, y sauté, y roulé, y faî tout
                                                  sorde cent coups.
   Ça l'époque la ti ana la guèr. Ti ana plein anglais pâtout pâtout.
   Ein p'tit môment, son maîte y ouâ anglais vini. Y crie bouîque:
                                                              Vini.
   Anou allé! anglais y vini, anou sauvé!! Qui ou couâ bouîque y ré-
                                                             ponne?
20 "A cause oulé moi sauvé? Mo pas ouâ à cause." - "Ou pas ouâ à
                                                           cause?'
   Ou pas tandé mo dî ou ala anglais y vini? Anglais y a prend ou;
                                                        anou sauvé.'
   - "Ah ben! La selle anglais, y plis loûd qui la selle français?" -
                                                              "Non.'
   - "Si tous lé dé y pareil, mo fou pas mal. Maîte touzoû maite memm
   Li anglais, li français, tout la memme çose..."
25   Ala ça qui appelle M'sié Grand Mêci fine mô!

   [Ça eine défaut qui ou zouine pâtout, ça,
   Zot appelle ça l'ingratitide.
   Y ana bôcoup doumoune quand ou ine faî li di bien
   Y fou de ou après.]

42

LE CHIEN QUI LÂCHE SA PROIE POUR L'OMBRE

Eine li cien ti sôti bazâ, èque ein môceau la vianne dans son la
                                        gaile.
Y passe cot la riviè, y ouâ son l'ombraze dans di l'eau. Li ti
                                        l'ambition.
Y pas ti conné qui çi ça l'ombraze. Y ti couâ ein vrai li cien
                                        memme
Qui ti après amenne môceau la vianne; y saute lô li pou arrace li.
5   Ça qui pou li y çappé, y tomme dans coûant. A présent y guetté, y
                                        pas ouâ
Ni li cien, ni la vianne; y resté bête, y ouâ son bétise. Li ti
                                        comprend alorsse
Qui li pas ti doite largue ça qui dans son la gaile, pou tayé èque
                                        l'ombraze...
Ça memme mangniè bocoup doumoune y faî; y en a qui pas oulé
Plante mangnoc, patates, bananne. Zot oulé faî coma grands blancs.
10 Zot oulé plante toute en la vanni. Y en a qui coupe pié cocos
Pou mette la vanni. Zot vive dans sangué malbar
Maladie ou bien la séceresse y passé, tout la vanni y crévé.
Zot mô en diboute, àprésent. Y resté zot, zisse, zot dé li zié.
        Pou pléré.

43

LES ANIMAUX MALADES DE LA PESTE

Eine foi ti ana eine maladie qui ti passe lô zanimaux. Moi pas
                                        coné qui ci ça;
Sais pas la rouzôle, sais pas la zôlie, moi pas conné. Tout ti
                                        tomme malade.
Cimitiè memme ti fine plein, plein, plein. Lion qui lé ouâ zani-
                                        maux, y dî:
"Ça pas capab dirê comme ça." Y appelle zot tout ein zoû.

5 L'hè zot tout ti fine rassemblé dans milié di bois, lion y dî:
                                                  "Mes zammis,
Ala nous tous fine rassemblé ici, quèque fois pou derniè fois. Mo
                                              fine appelle zot
Pou pâle zot ça nespéce maladie qui fine tomme lô nous. Faudrait
                                              qui nous conné
Qui senne là qui faî bon Dié en colè comme ça. Faudrait nous tout,
Nous a déclaré coma dî èque Pè, tout pécé qui nous fine faî. Comme
                                                          ça,
10 Nous a conné qui cenne là qui coupab. Moi, pou mon part, mon conné
Mo fine faî grands grands pécés. Mo fine touye ein quantité zanni-
                                                        maux.
Si moi qui l'autè ça malhè là, mon paré pou donne mon la vie."
Macaque, li qui touzou grand flattè, y avancé, y dî: "Mon Maite,
Qui mo ouâ mangniè ou bon kè. Ou trop content nous.   [azord'hi,
15 Si ou ti touye zannimaux pou manze zot, ou ti faî zot eine
                                              l'honnè..."
L'hè Macaque y fini causé, tout la banne y batte la main. Bouique,
                                              pô diabe,
Qui ti dans ein p'tit coin, y avancé son toû. Y commence tremblé,
                                              tremblé, y dî:
"Moi moi rapplé ein zou, mo ti fine mâce tout la zoûnein; l'hè mo
                                              arrive,
Au bô la mâ Pè, mo ouâ ein touffe fataque. Mo ti mô la faim.
20 Mo allonze mon la langue, mo hisse dé trois feilles. Mo conné,
Mo ti faî ein gros pécé..." Coma les autes y tanne ça, zot crié:
Aîe! aîe! aîe! Coquin zèbes Pè!! Ça memme qui fine mette mofine
Lô nous!" Là zot tout zot tomme lô bouîque, zot ronflé li coude
                                              pied,
Coude poing, coude lé dents, coude cônes, zisqu'à pauve bouîque y
                                              mô...
25   Comme ça memme doumoune y faî.
Si ou ein gros poisson, zammais ou a gangne tô. Si ou ein faye
                                              bougue
Tout y tomme lô ou... Quand blanc y boî, y faî tapaze, zot dî:
"Y ein pé déranzé...". Si ein pauve y faî pareil, zot crié: "Mais
ça bougue là coma y sou!! "Tout souite, gâde y lô li...   [guette

44

LE HÉRON

Ein zou ein manique ti après promné au bô la riviè. Y ti après fai
                                                                vantâ,
Pas ti pressé pou dinein. Ça l'hè là, plein poisson lan memme au
                                                                bô li.
Ein bébète malin ti a dî: Moi la pèce touzou; L'hè moi la faim,
Moi trouve li pou manzé... Li dans son paresse y dî: "L'hè moi la
                                                                faim
5 Moi la pèce... "Aque faî moi entré dans di l'eau, mouye mouye mon
Comme ça memme? L'hè moi la faim, moi baisse p'tit môceau, [li pié
Moi gangne de quoi... "Coma y dî ça y foulcan promnein.
A fôce mâce mâcé, y senti la faim, y tourne au bô la riviè. Tout
                                                                poisson
Ti fine allé!... Y sèye tout mangniè, pas fouti tiombo ein gouzon.
10 Y ti bisoin alle dômi sans soupé...
Y en a beaucoup pâmi nous qui faî coma ça manique là.
Couâ moi, mon camarades; travail la zoûnée si oulé diné à ooir.
Pas l'hè qui pou manzé qui ou a rode quéque çose pou mette dans
                                                                mânmite.

45

LA FILLE

Ein M'sié bien rice tian na ein fiye bon pou mâié.
Plein gâçons y vine tire coude çapeau divant son la pôte. Fiye là
                                                                y dî zot:
"Eh! laisse-moi tanquil." Y pas ti trouve ein assez zoli ni assez
                                                                grand M'sié
Pou mâié èque li. Ein ti ana trop bel li pié, l'aute ti trop vié;
5 Eine ti mette linette, l'aute ti trop béte. Eine son canneçon ti
                                                                mal tayé,
L'aute paltot ti trop grand. Ça eine là ti trop gros, ça l'aute là
                                                                ti trop maigue,

Ein ti trop grand, l'aute ti trop p'tit. Enfin y pas ti trouve
                                                    eine. Mo couâ
Y ti après espè gâçon ler rouâ. Y pas ti ouâ qui li après monte
                                                   en graine.
A fôce réfisé, y pas gangne pèsonne aprésent. Tout son camarades
                                                    y mâié,
10 Li, li resté comme çan memme. Y ouâ li après vié, y commence ça-
                                                    grin.
(Pas na nâien qui femme y haîé, coma pas gangne mâié.) Y ti ro-
                                                  grette son bétise.
Quand y ti ouâ y pas gangne pèsonne, y ti oblizé mâié èque ein
                                                  faye zhomme,
Ein vacabond, eine nâien di tout... Ça y oulé dî quand memme ou
Ou pas doite méprise les autes. Anh!   rice,

46

LA LAITIÈRE ET LE POT AU LAIT

Eine ningresse ein zou ti après alle vanne di lait.
Y ti fine mette son pot di lait lô son la tête. A fôce li ti sotte
Y ti après cause tout sel en desçandant. Y ti après câlquilé qui y
                                                    a faî
Eque son l'âzent di lait. Y dî: "Moi asté ein poule; poule y a
                                                  ponne,
5 Moi vanne son pitit. Eque l'âzent mon p'tit poule, moi asté ein
                                                  p'tit coçon
L'hè moi vanne mon coçon, moi asté ein p'tit beffe. Moi vine rice;
Moi gangne zoli zoli linze, moi habiye faraud. L'hè moi alle
                                                  l'église,
Dans mon zoli robe, èque mon soulié dans mon li pié, tout doumoune
Y a viré pou guette moi; zot a dî: Ça pas zence bon na vini ça!"
10 Aîe! aîe! aîe! coma y dî ça, son li pié y maye dans ein racine di
Y tomme ventre en bas; tout di lait y çaviré. Pô diabe!   [bois.
Y commence pléré. L'hè y arrive dans son la coû y raconte ça son
                                                  mari.
Son mari y flanque li ein bon pile pou montré li faî attention.

Après y dî li: "Moi montré ou compte lô di zeffe dans... poule,
moi!

47

LES DEUX COQS

Y ana ein vié provêbe dans temps l'autrofois qui dî:
"Touzou, quand zhomme y gangne malhè, femme qui l'autè."
Ça paôle qui vrai memme, ça. Tous les zou ou ouâ ça...

Dé coqs ti bons zammis dans eine la coû. Ein zou ein poule y arri-
vé,
5 Ala la guè qui commencé!... Tout doumoune y tayé pou vine guetté.
Au lié zot sèye sépare coqs, zot pousse di fé! Eine y pâié pou ein
coq,
L'aute y pâié pou l'aute coq. L'hè la téte coq y saingné, zot con-
tent.
Coqs y la guè longtemps, à la fin, eine y tayé. Ça qui ti plis fô
A présent y alle faî vantâ cot poule, y vî vî au bô li y caresse
li, y embrasse li
10 Après ça y monte en l'aî lô ein cicot di bois y batte les zaile y
çante: Cocorico!
Tout ça pou faî poule trouve li zoli. Coma y après faî son vantâ,
ein gros zoizeau
Y passé, y ouâ li. Y vine en bas en bas, doucement doucement y
souque M'sié Coq
Y foulcan èque li pou manze li. A présent l'aute coq qui ti plis
faye là,
Coma y ouâ l'aute n'a pas là, y vine cot poule son tour, y vire
viré faî son vaillant.
15 Ou couâ poule li guette li en travers? Na pas là... Y laisse coq
faî li l'amoû;
Zot dé zot mâié ensemme mèmme zou mèmme...

Femme comme ça mèmme y été! Tous zhommes y pareil pou zot.
Quand mèmme ça qui n'a l'esprit, quand mèmme ça qui sotte,
    Poûvi y ein zhomme, assez.

48

Les femmes et le secret

Pas na quéque çose qui plis difficile pou aménné qui ein paôle sé-
gret.
Zot dî femmes noî y faibe ça coté là. Ça y vrai; Mais mo couâ y na
femmes blanc
Qui plis faibe encô. Acoute ça zistoî qui moi raconte zot: Ein zou
Ein M'sié ti oulé conné si son femme y content cancan. (Ça, coma d
5 Ou démanne mouce di miel si li content sirop.) Ça fait dont, à
souâ
L'hè zot ti fine alle dômi, zhomme là y commence crié. Son femme y
lévé.
"Qui ou gangné?" - "Mon camarade, mo fine ponne eine di zeffe,
guetté!"
Femme y dî: Anh! Qui ci ça!" - "Pas dî pèsonne, zot a riye moi,
Zot a appelle moi: Poule." - "Mo faî ou sèment zammais moi dî.
10 Ou capa batte moi si mo ouvè la bouce..." Son lendemain
Coma y lave la figuî, y alle cot son comè y dî: "Ou pas conné mon
ser,
Hié au soî mon mâri fine ponne ein grôs di zeffe! Pas dî pèsonne,
y a bate moi...
L'aute y réponne: "Mo faî ou sèment, zammais moi dî." Quou! coma y
allé
Femme la y alle raconte èque tout doumoune. A présent au lié y dî
ein
15 Y dî dix! L'hè soleil coucé zhomme ti fine ponne ein grand pangnié
(Ou conné quéque çose raconté, touzoù y allonzé.) Ein y dî fine
ponne di zeffe lézâ,
L'aute di zeffe dinne, l'aute di zeffe cannâ; ti ana tout sorde
qualité di zeffe.
Pauve zhomme à présent y coma Caca Loulou. Tout doumoune y cicanne
li.
Banne ti mânmaye y sivré li dériè y crié: "Ala zhomme qui ponne di
zeffe.
20 Zhomme pas conné qui a faî. Tout ça là, grand mèci son femme.

Quand ein zhomme y ana son paôle pou li tout sel,
Zammais pas bisoin sèye lârgue dans zoreil son femme.
          Y a gangne malhè.

[L'hè ou na quéque çose pou dî,
25 Guetté divant qui ou causé,
Si ou pas oulé tout doumoune y conné.
Zott conné comment doumoune y content bavardé.
Zamais n'a b'soin blié qui zoreil
          N'a pas couvertî.]

49

LES SINGES ET LE LÉOPARD

Si ou pas oulé gangne coude pié par déière resté ou dans ou
          p'tit coin.
P'tit poisson pas doite mâce èque ça qui gros. Noirs pas doite
La tabe blancs. Autroment ou a gangne malhè.   **assise**
Zot conné ça y comme ça, mais zot faî comme si zot pas conné.
5   Zot oulé prétend mâce gal gal èque blanc, zot pas oulé respect.
Ça fait touzou zot dans l'empayaze..
Ein zou, dans temps l'autrofois, banne macaque ti après zoué dans
          grand bois.
(Moi esplique zot ça race zoué là.) Eine doumoune y caciette son
          la figuî
Lô zounou son camarade; son coûpion y en l'aî; tous les autes y
          vine çaquin son tou
10 Donne li ein p'tit calotte lô coûpion. Li li déviné qui cenne là.
          L'hè y manqué
Zot dî: "A faux." Tout le temps qui li pas nomme zisse y bisoin
          commence encô.
Ça ein zouè qui faî rié... Macaques ti après grand rié, Tigue
Y tanne zot, y vini li aussi. Tout macaques y tayé. Tigue y dî zot:
          "Pas pè,
Doumoune y dî zot moi mo méçant, pa couâ ça zenfants. Laisse moi
          zoué,

15 Zot a ouâ qui mangniè moi faî zot rié..." Macaque y dî: "Vini...
    L'hè toû Tigue y arrivé, Tigue y avancé, y donne Macaque ein coude
                                                                    griffe
    Lô son déiè! Son cinq zongues y entré dans la vianne Macaque ou a
                                                                    dî
    P'tit quiyèr dans bòl la cremme. Son di sang y coulé. Macaque y
    "Ah yoyo! Ça pas fâce pou faî, ça!   dî:
20 Si dans zoué ou faî comme ça, alorsse l'hè ou en colè,
    Qui mangniè ou faî? Moi pas oulé ça mangniè zoué là,
    Bonsoî, mo foulcan moi.

                                        FIN

NOTES CRITIQUES

Nous avons retranscrit fidèlement le texte original, sans aucun
effort pour normaliser les graphies variables. Les corrections
faites par l'auteur ont été respectées. Dans les rares cas où
nous avons nous-mêmes corrigé des fautes apparentes, nous l'in-
diquons dans les notes critiques qui suivent.

Les textes du Prologue et des fables 1 à 7 posent un problème
particulier: ils contiennent beaucoup de corrections apportées
selon toute apparence par une autre main, p. ex.:

noirs -> noas   zistoť -> zistoa   fair -> fè

Ces corrections étant été faites avec une plume très grossière,
la graphie originale n'est souvent presque plus lisible. Dans deux
ou trois cas, nous n'avons pas pu déchiffrer l'écriture originale
et nous avons dû écrire les mots concernés tels qu'ils sont écrits
dans les autres fables.

Dans le cahier des fables écrites par Rodolphine Young se trou-
vaient deux feuilles à part, d'un autre papier, contenant des
"morales" pour les fables 2, 3, 17, 18, 19, 24, 29, 35, 39, 41 et
48. Selon toute apparence, cet ajout a été écrit par une autre
main (ou plus tard par le même auteur, avec une écriture changée?)
Nous imprimons les morales de cet ajout après les fables concer-
nées entre [ ].

Prologue

 1 *zistoir* ou *zistoť?* Le mot a été corrigé en *zistoa* et la graphie
   originale n'est plus lisible.
17 *doite ete miré*, corrigé en *doit mimiré*. La forme *doit ete* pour
   "devoir, doit, devrait" est très fréquente; un verbe *miré*
   n'existe pas dans le seychellois actuel, mais cf. fable 24,12:
   y pas ni miré. miré est donc évidemment une variante du verbe
   actuel *mirmir-e* "se plaindre tout bas".

Fable 2

7 *ou pas na nârien* est corrigé en *ou na pas nârien* par une autre
main. V. "Remarques sur la langue", p. 71.
13-15 Morale ajoutée sur les feuilles à part.

Fable 3

2 *mo* ou *mô?* L'accent circonflexe semble avoir été ajouté par la
seconde main.
14 *môceau* est écrit *môoȼceau*.
17-20 Morale ajoutée en marge des dernières lignes, par la main
qui a corrigé le Prologue et Fables 1 à 7.

Fable 4

3 *rié* est écrit *riᶾé*.
4 *dir* ou *dîr?*
14 *Pauv* est écrit *Paûv*, l'accent circonflexe est biffé par R.Y.
15 *rie* est écrit *riᶾe*. *paye* est biffé et remplacé par *paille*, se-
lon toute apparence par R.Y.
16 *Zot pas ti a fair:* a est ajouté entre *ti* et *fair*.

Fable 6

5, 13, 20 *couâ* est écrit *ᶾouâȼ*.
7 Le manuscrit porte *fichi* et *A fôȼce à fôȼce*.
11 Le manuscrit porte *tîȼé*.
13 Le manuscrit porte *dîȼ* et *Loulou* au lieu de *Lion*.
19, 20, 21 *fort* ou *fôrt*, corrigé en *fô*, probablement par la se-
conde main.
20 *ou même* est écrit *où même*.

Fable 7

1 *lêr oua* [sic] "le roi".
30 Le manuscrit porte *môȼȼ*.

Fable 11

11 *enque* [sic] = nèque, cf. 26,3.

Fable 12

  2 *bô* est écrit *bô~~r~~*.

  4, 15 *l'hè* est écrit *l'hè~~r~~*.

18 *couyè* est écrit *couyè~~rè~~*.

Fable 13

Quelques corrections ont été faites avec une autre plume.

  5 *sitinu* est corrigé en *sitini*, par R.Y.?

  6 *du miel* est corrigé en *di miel*.

12 Le mot *zott* est biffé.

15 *ouâ* est écrit *ouâ~~r~~*.

18, 19 *fai* est écrit *fai~~r~~* (trois fois).

22 *l'amande* est corrigé en *amanne*.

Fable 14

  2 Le manuscrit porte *faî~~r~~*, *ouâ~~r~~*.

  4 Le manuscrit porte *faî~~r~~*.

  5 Le manuscrit porte *magniè~~rè~~*.

12 Le manuscrit porte *grand tapaze ~~y~~ ine passé*.

14 Le manuscrit porte *couâ~~r~~*, *fô~~r~~*.

18 Le manuscrit porte *couâ~~r~~*.

Fable 15

  4 *ouâ* est écrit *ouâ~~r~~*.

  7 *Pou* est écrit *Pou~~r~~*.

Fable 16

  1 *Eine* est écrit *Eeine*.

  7 *aboyé* est corrigé en *aboié*.

16 *couâ*: l'accent circonflexe se trouve sur le *u*.

Fable 17

14-16 Variante de la "morale" sur les feuilles à part:

      Quand Madame èque M'siè y dispite,

      M'siè y vine tomme lô nous pou tî son la colè,

      Lé dos nègue qui paye tout môvais zimè blanc.

17-20 Morale ajoutée au bas du texte par une autre main, recopiée
  sur les feuilles à part.

Fable 18

15, 16 *moi* est corrigé en *mô* par une autre main (deux fois).
18-20 Morale ajoutée par une autre main en bas du texte et reco-
  piée sur les feuilles à part.

Fable 19

Quelques corrections, dont nous ne tenons pas compte, ont été ap-
portées par une autre main.
21-24 Morale ajoutée par une autre main au bas du texte et reco-
  piée sur les feuilles à part.
21 *contèr noâ: contraî negue* sur la feuille à part.

Fable 20

Quelques corrections, dont nous ne tenons pas compte, ont été ap-
portées par une autre main.
 3 *Eine* est écrit *Eeine*.
 8 *brancârd* est corrigé en *brancârd* par R.Y.
24 *gâaçon* [sic, deux fois]. La graphie doit sans doute rendre
  l'allongement de la pénultième, trait caractéristique de l'in-
  tonation en créole.
37 *Eine* est écrit *Eeine*.
42 *faî?* Illisible à cause de la correction ultérieure (en *fè*),
  peut-être *faîre*.
46 *camârade* est écrit *camârâde*.

Fable 21

Trois corrections, dont nous ne tenons pas compte, ont été appor-
tées par une autre main.
12 *fair?* Illisible à cause de la correction ultérieure (en *fè*).

Fable 23

Quelques corrections, dont nous ne tenons pas compte, ont été ap-
portées par une autre main.
17 Le manuscrit porte ~~rhisse~~ *risse*.

Fable 24

18-23 Morale ajoutée sur les feuilles à part.

Fable 26

 3 *Einque* [sic] = *nèque*, cf. 11,11.
20 Le manuscrit porte *nécessaitté*.

Fable 29

28-31 Morale ajoutée sur les feuilles à part.

Fable 31

 1 *Eine* est écrit *Eeine*.

Fable 33

Quelques corrections ont été faites avec une autre plume (par une
autre main?)
 1 *caudièté*; *pot* est corrigé en *pott*.
 2 *zot* est corrigé en *zott*.
 4 *nous*
 5 *inpé* est corrigé en *einpé*.
 7 *zot dé zot* est corrigé en *zott dé zott*.
 9 *pot* est corrigé en *pott*.
12 *Pot* est corrigé en *Pott: fond di lô* est corrigé en *fond di lô*.

Fable 34

 1 *hain* est corrigé en *zain* par R.Y. Cf. Glossaire.

Fable 35

20-24 Morale ajoutée sur les feuilles à part.

Fable 36

 7 *Ein* est écrit *Eein*.
15 Le manuscrit porte *oeeipé oquipé*.

Fable 37

1, 8 *Ein* est écrit *Eein*.

8 Le manuscrit porte *y dî ʈɨ.*

Fable 38

4 *mêlne* est corrigé en *mêrne.*
9 *Eine* est écrit *Eeine.*
32 *einque = nèque,* cf. 26,3.

Fable 39

17-18 Morale ajoutée sur les feuilles à part.

Fable 41

26-29 Morale ajoutée sur les feuilles à part.

Fable 42

Titre: Le manuscrit porte *p^{r}. l'ombre.*

Fable 43

1 *Eine* est écrit *Eeine.*
7 *maladie* est corrigé en *malade* avec une autre plume. *nous conné*
   est écrit *ns conné.*

Fable 45

4 *Ein* est écrit *Eein.*
13 *vagabond* est corrigé en *vacabond* par R.Y.

Fable 47

1 Le manuscrit porte *provêⱦbe.*

Fable 48

24-29 Morale ajoutée sur les feuilles à part.

REMARQUES SUR LA LANGUE DES *FABLES*

La langue des *Fables* de Rodolphine Young ne diffère pas beaucoup
du créole seychellois actuel. La grammaire est fondamentalement
celle décrite dans les ouvrages d'Annegret BOLLEE (1977) et de
Chris CORNE (1977), le lexique pour l'essentiel celui enregistré
dans le *Diksyonner kreol-franse* de Danielle D'OFFAY et Guy LIONNET.
Le lecteur attentif notera surtout les différences de vocabulaire,
les différences grammaticales étant beaucoup moins apparentes.

La comparaison du vocabulaire des *Fables* avec le lexique actuel
montre des phénomènes très nets de décréolisation: en général, là
où notre texte présente des variantes de mots actuels, il s'agit
de formes divergentes du français, tandis que le créole de nos
jours présente des formes plus proches du français. Ceci concerne
surtout les mots contenant un *e* instable. BAISSAC 1880, p. 109,
donne la règle suivante: "*E* muet, au son de *le*, *de*, devient *i* et
quelquefois *ou*. - Ex. demain, *dimain*; chemin, *cimin*; cheval, *çou-
val*; genou, *zounou*", et dans GOODMAN 1964, p. 33, on lit:

> ant. *buzwe* "besoin"
> hait. *duvã* "devant"
> guyan. *dɔ̀rɔ̀*, maur. *do(h)or* "dehors"
> guyan. *somɛ̃*, maur. *some* "semer"
> maur. *somen* "semaine".

Le développement de [ə] (et de [œ], [y]) > [u], [o], est attesté,
dans le texte de nos fables, dans les mots suivants:

> *l'autrofois* (P,4 et passim)
> *gournouille* (3,1; 3,16; 17,2)
> *promié* (20,9)
> *çouval* (20,25; 35,3)
> *rogrette* (45,11)
> *autroment* (49,3)
> *zounou* (7,11)
> *sol(l)ement* (16,8; 25,10), à côté de *sellement* (7,29)
> *douboute* (21,18)
> *doumoune* (P,19; P,21 et passim) à côté de *dimoune* (7,23) qui
>   est plus rare.

La plupart de ces formes sont aujourd'hui tombées en désuétude;
les six premières ont été remplacées par *lotrefwa*, *grenwiy* ou *gre-
nouy*, *premye*, *seval*, *regret-e* et *(l)otreman*[1]. *Zounou* existe encore
à côté de *zenou*, *solman* à côté de *selman*, *doubout* à côté de *debout*
et *dibout*, *doumoun* à côté de *dimoun* et *dimonn*. Mais les formes
avec [o] et [u] sont considérées comme vieillies par les locuteurs
de nos jours.

A part la série de mots discutés plus haut, il y a d'autres cas
où notre texte présente des formes aujourd'hui considérées comme
vieilles ou vieillies, et qui sont graduellement remplacées par
des variantes "décréolisées". En voici quelques exemples (après
le signe -> nous donnons les formes enregistrées dans D'OFFAY/
LIONNET):

    miré (P,17; 24,12) -> *mirmir-e* "se plaindre tout bas"
    solent (10,17) -> *ensolan* "insolent, désagréable"
    azord'hi (6,25 et passim) -> *azordi*[2], *ozordi*, *zordi* "aujourd'hu
    acoute, -é (P,2 et passim) -> *akout-e*, *ekout-e*, *kout-e* "écouter
    aspè, -éré (34,18) -> *asper-e*, *esper-e* "attendre"
    en gâ (22,25; 30,3) -> *pangar* "prenez garde, attention" < *prend.*
    e(i)nque (11,11; 26,3) -> *nek* "ne ... que, ne fait que".   *garde*

Dans le cas de *ouli* seulement (26,31) -> *oli* "où, où est", la forme
attestée dans le texte est plus proche de l'étymologie française,
où, lui.

Les structures grammaticales ne semblent guère avoir changé de-
puis le début du siècle; le seul trait remarquable est la forme
négative du verbe *annan* "avoir": *pas na* (v. infra). En parcourant
les *Fables*, nous avons noté les phénomènes suivants:

1. L'article indéfini

Selon BOLLEE 1977, p. 36, la forme de l'article indéfini serait
en [ẽ]. CORNE 1977, p. 12, constate que la forme usuelle est [ẽ],
et que "Some speakers (older?) have a variant *en* [en] (becomes *em*

---

1 Les graphies sont celles du dictionnaire de D'OFFAY/LIONNET. Nous utilisons
  les graphies de ce dictionnaire aussi dans les pages qui suivent pour toute
  référence au créole actuel.
2 Du moy.fr. et fr. dial. *à jour d'hui*, v. FEW 4, 448a.

before *pti* 'little'): *en zom* 'a man', *em pti pei* 'a little coun-
try'. Most speakers consider *en* as a Mauritianism." Dans notre
texte, la variante *eine* [en] est très fréquente, bien que moins
courante que la variante *ein* [ẽ]. Les 50 premières attestations
de l'article indéfini présentent 31 fois *ein* et 19 fois *eine*. Nous
avons essayé de trouver une règle qui gouverne la distribution des
deux formes, mais cela n'a pas été possible. Evidemment, elle n'a
rien à voir avec le genre grammatical du nom en français, et les
deux formes apparaissent dans tous les contextes phonétique˙ (p.ex.
1,1: *eine bel fômaze*; 5,5: *eine coude patte*; 3,5: *eine di zef*;
5,2: *eine le kêr*; 1,9: *eine mizicien*). En ce qui concerne la re-
marque de CORNE qui dit que ses témoins considèrent *enn* comme un
mauricianisme - [en] est en effet la forme mauricienne de l'arti-
cle indéfini[3] - on peut se demander si le créole seychellois an-
cien ne ressemblait pas sur plusieurs points plus au mauricien que
le seychellois actuel. Nous reviendrons à cette question à la fin
de ce chapitre.

2. Les pronoms personnels

Pour ce qui est des pronoms personnels, on remarque des divergen-
ces par rapport au créole actuel à la première, la deuxième et la
troisième personne du singulier.

La forme de la première personne, cas sujet, est *mo*, comme en
créole mauricien (v. BAKER 1972, p. 71), et non pas *mon* comme de
nos jours:

   mo oulé (P,3)   *mo ti capab* (1,5)
   mo prend (P,7)   *mo menti* (3,7).

Parfois, le pronom est écrit avec l'accent circonflexe: *mô* (p. ex.
1,10; 3,10): étant donné que l'accent circonflexe marque, dans la
graphie de Rodolphine Young, l'allongement d'une voyelle comme ré-
sultat d'un *r* qui ne se prononce plus, p. ex.:

   foûmi   môceau   zoû   mâce

on peut conclure que la graphie *mô* représente une prononciation
avec *o* allongé.

---

3 V. BAKER 1972, p. 77.

Rodolphine Young observe systématiquement une distinction entre *mo* pronom personnel et *mon* adjectif possessif, distinction qui n'existe plus dans le créole actuel:

mon bouzois (P,1; 5,12)   *mon frè(re)* (1,12; 4,4; 4,6; 5,22)
Mo prend eine cârtiê pou mon la fôce (6,22).

Il y a, toutefois, quelques exceptions:

mo la figuire (7,8)   *mo racine magnoc sec* (9,17).

Ces exceptions trouvent une explication plausible dans l'hypothèse émise par Philip BAKER (1982b, p. 778), qui croit que la distinction entre *mo* = pronom personnel et *mon* = adjectif possessif chez R.Y. est une distinction purement graphique et que la prononciation des deux morphèmes a toujours été identique. Etant donné que, dans d'autres cas aussi, R.Y. ne note pas la nasalisation progressive d'une voyelle précédée d'une consonne nasale, p. ex.:

ana (1,2 et passim)   - D'OFFAY/LIONNET: *annan*
mâtin (1,6)   - D'OFFAY/LIONNET: *manten*
nârien (2,7 et passim)   - D'OFFAY/LIONNET: *nanryen* et *naryen*
moi (P,2 et passim)   - D'OFFAY/LIONNET: *mwan*

l'hypothèse de BAKER nous paraît tout à fait acceptable.

La forme complément est *moi* [mwã], comme aujourd'hui, et son emploi ne diffère guère de l'usage actuel. Elle est donc utilisée

- dans la fonction de complément "direct" ou "indirect":

Zisqu'à bouique aussi, qui vine batte moi! (24,16)

"Bon! dî moi qui faudrai faire
Pou zott donne moi ça bon manzé la." (5,14/15),

- après les prépositions:

Bon Diê fine envoye ça pou moi mette en bas lê dents! (10,7),

- comme pronom réfléchi:

Mo pas trouve moi vilaine (7,21),

- comme pronom disjoint:

Moi mo couâ comme ça (6,13)   *moi mo pas pè* (8,7).

Contrairement à l'usage actuel, *moi* apparaît dans notre texte comme pronom sujet dans des phrases négatives, devant *pas* et *n'a pas*[4], p. ex.:

> *Moi pas oulé* (5,25)
> *Moi pas content rôde rôde dispite* (6,23)
> *Moi pas conné si soussouris ti fine bof* (18,10)
> *Moi n'a pas papa* (10,14),

mais R.Y. dit aussi très souvent *mo pas*, *mo n'a pas* (cf. 9,15; 10,15; 10,19; 14,9; 14,11). Un de nos témoins nous informe qu'il entendait encore *mwan pa ...* dans le parler de sa grand-mère (morte en 1982 à l'âge de 80 ans), et que ses enfants se moquaient de cet usage de leur arrière-grand-mère[5].

Quelques occurrences de *moi* sont à interpréter comme la séquence *mo* + *a* (marque du futur) ou *mo* + *ana* (verbe "avoir"):

> *quand moi gangne môceau bon quêque çose, moi rande ou* (2,4)
> *moi vini pli gros* (3,13)
> *Coma moi na bonhè conne lir ...* (P,7)
> *moin na zistof pou raconte zott* (P,1)
> *Moin a eine bel la kê* (7,9).

Pour la deuxième personne du singulier, la forme "normale" est *ou*, comme aujourd'hui. Cependant, dans les fables 10, 19 et 30, il y a quelques occurrences de *to*, *toi* (et *ton* pour le possessif), qui ont entièrement disparu de l'usage actuel aux Seychelles, mais qui subsistent dans le créole mauricien. Ce dernier connaît la distinction entre *to* = forme familière et *ou* = forme de politesse, attestée également dans notre texte. Dans la fable 10, c'est le loup ("supérieur") qui s'adresse à l'agneau ("inférieur") en utilisant *to*, mais l'agneau emploie la forme de respect *ou*; dans la fable 19,15, c'est le chien - le plus fort - qui utilise *to* en lançant un défi au cochon qui est plus faible, et dans la fable 30, la chèvre mélange *to* et *ou* en parlant à son petit.

---

4 Il n'y qu'un seul exemple de *moi* dans une phrase affirmative, 23,18: *Moi ti oublié df...*

5 Nous tenons à remercier ici Madame Marie-Thérèse CHOPPY qui nous a beaucoup aidés lors de la rédaction de ce chapitre et dont les témoignages sur le créole actuel nous ont été très précieux.

L'emploi de la forme complément dans la fonction de sujet, noté
plus haut pour *moi*, s'observe aussi à la troisième personne, mais
n'est, dans ce cas, pas lié à la forme négative, p. ex.:

>   *Li ti zonne coma la peau limon* (10,5)
>   *li oblizé reinté!* (11,8)
>   *Y pas ti gangne bôcoup l'âzent, mais li ti content* (27,3)
>   *Y d'manne li qui li gangné* (32,9).

Dans un cas, il s'agit de la mise en relief du pronom:

>   *P'tit gâçon y decenne, li li monté* (20,19),

mais dans les autres cas[6], nous sommes sans doute en présence de
la vieille forme sujet *li*, en usage de nos jours dans le créole
mauricien (v. BAKER 1972, p. 72), et qui a été remplacée par *i* en
seychellois.

3. Le verbe ana *"avoir"*

Le verbe *annan* "avoir" (*i annan* "il y a") du créole actuel se re-
trouve avec trois variantes dans le texte de Rodolphine Young:
ana, *na (n'a)* et *ène a*[7]. *Ana* semble être la forme la plus cou-
rante, p. ex.:

>   *quand servitè y ana quêque çose...* (6,15)
>   *Qui c'eine là qui ana pli gros lé dents?* (6,17)
>   *Ça fômaze ti ana bon l'odêr!* (1,2),

mais la forme *na (n'a)* est aussi très fréquente dans notre texte:

>   *Ein zoû eine Loulou qui ti na nèque la peau èque lé zo ...* (5,1)
>   *Compère, ou n'a l'air moi bien vaillant* (5,8)
>   *... cot na bon manzé* (8,14)
>   *n'a dé quoi pou en colè* (26,4)
>   *y na femmes blanc* (48,2).

Evidemment, quand *na* prend le sens de "il y a", il n'est pas obli-
gatoirement précédé de *y*.

---

6 Voici les autres occurrences de *li* comme sujet: 22,2; 22,4; 26,26; 38,7;
  42,2; 42,7; 42,8; 45,8; 46,2. On note que plusieurs fois *li* apparaît après
  le pronom relatif *qui*.
7 Pour ce qui est de l'absence de nasalisation dans la graphie, v. le para-
  graphe précédant.

Na est la seule forme employée après *pas*[8], p. ex.:

> *ou pas na nârien pou manzé?* (2,7)
> *tout doumoune pas na memme bonhè* (28,14)
> *Pas na eine qui trouve défaut lo son lé cô* (7,25).

La forme *ène a*, qui est celle du créole mauricien (*ena* "avoir" et *ena* "il y a", v. BAKER 1972, p. 101), n'apparaît que très rarement dans les *Fables*, et seulement dans le tour *y ène a* "il y a":

> *dans tout pays y ein a malhè* (P,13)
> *y ène a de quoi* (7,15).

4. Les marqueurs prédicatifs

Le système verbal du créole de notre texte ne diffère pas, autant que nous voyions, du système actuel en ce qui concerne la fonction des marqueurs prédicatifs, p. ex.:

> *Zhomme qui ti fair ça zistoî-là.../Pas ti ein pecê crab* (P,4/5)
> *tout ça qui zotte a dîr* (3,13)
> *Si ou pas ti ein bouffon, ou pas ti a couâre ou ein famé*
>   *zhomme, /Ou pas ti a sèye çanté, ou pas ti a laissç ou*
>   *fômaze tombê* (1,18/19)
> *Y pas ti douté, /Fâce qui Compè Rênà ti pou faîr li* (12,7/8).

Il y a seulement quelques différences de forme notamment:

> *après*, marqueur du progressif - *(a)pe* dans le créole actuel,
> *fine*, marqueur de l'accompli - *in*, *'n* dans le créole actuel.

après, seule forme dont use Rodolphine Young:

> *eine cigale qui ti touzoù après çanté* (2,1)
> *Ça zence là, y après sème malhè pou zot* (8,6)

a complètement disparu de l'usage de nos jours.

fine [fin] est la forme de loin la plus fréquente, p. ex.:

> *Ou l'habit fine taille à la mode!* (1,7)
> *Compè corbeau ti fine coquin eine bel fômaze* (1,1),

mais à côté d'elle, les formes modernes s'annoncent déjà dans

---

8 V. le § 5 pour les phrases négatives.

quelques rares phrases:

L'hère tout grand tapaze ine passé (14,12)
L'hè ine fini, y demanne Loulou... (23,19)
moine décidé /Passe la zounée azord'hi nãien faî (26,4/5).

fin, forme très courante en créole mauricien (v. BAKER 1972, p. 108), est aujourd'hui tombé en désuétude dans le créole des Seychelles, mais n'a pas entièrement disparu de l'usage. BOLLEE 1977, p. 56, l'a relevé dans beaucoup de manuscrits de divers auteurs, et CORNE 1977, p. 107, note qu'il l'a aussi entendu dans le parler d'une femme de 83 ans. Selon nos témoins, la forme *fin* est devenue très rare de nos jours.

Pour le futur, le créole actuel use de *a*, *ava* et *pou*. Selon BOLLEE 1977, p. 57, "*a* est la forme la plus courante, *ava* se trouve surtout (mais pas toujours) devant des verbes avec initiale *a-*. *Va* est catégoriquement rejeté par quelques témoins, mais plusieurs auteurs en usent dans leurs manuscrits, et nous en avons aussi quelques rares témoignages oraux"[9]. La variante *ava* est entièrement absente du texte de R.Y., par contre il y a quelques occurrences de *va*, qui existe aussi dans le créole mauricien (v. BAKER 1972, p. 109). La forme la plus fréquente est *a*: nous avons compté, dans les fables 20 à 49, 82 occurrences de *a*, contre 9 de *va* (22 dans le texte entier[10]) et 4 de *pou* (6 dans le texte entier[11])

Il est très malaisé de trouver des règles qui gouvernent l'emploi de ces trois variantes. *Pou*, contrairement à ce qu'en dit BOLLEE (loc. cit.), semble être la marque d'un futur défini, voire emphatique[12], cf. les exemples suivants:

Pas coma moi qui pou alle séyé "Ce ne sera (certainement) pas moi qui ira essayer [de mettre la cloche au cou du chat]" (15,13);

---

9 Marie-Thérèse CHOPPY affirme qu'elle n'a jamais entendu *va*.
10 Voici toutes les occurrences de *va*: P,9; P,13; P,14; 1,22; 7,4; 8,8; 13,18; 13,19; 14,6; 15,4; 15,9; 16,9; 17,9; 22,8; 22,25; 25,12; 25,14; 26,32; 32,17; 34,15; 39,14.
11 Voici toutes les occurrences de *pou*: 7,3o; 15,13; 20,43; 21,10; 36,13; 44,13.
12 Cf. BAKER 1972, p. 110 pour le sens de *pou* en mauricien.

moi pas pou prend conseil èque pèsonne (20,43),

dit le meunier, énervé après tant de conseils contradictoires que les passants lui ont donnés.

Zot conné dimain nou pou alle dans poulayé (21,10),

dit le renard - c'est donc un plan bien arrêté, une décision qui ne sera pas mise en question.

"Zenfants, acoute bien /Ça qui papa pou dî zott (36,12/13).

Le futur avec *pou*, dans cet exemple, introduit les derniers mots prononcés par le père sur son lit de mort et met en relief sa dernière volonté qui s'avère très avantageuse pour ses fils.

Pour ce qui est de l'usage actuel, "le locuteur créole seychellois semble en effet distinguer deux attitudes quant à la réalisation d'un procès futur:
- Il ne s'implique pas au niveau de la réalisation du procès. Il emploie alors *a* ou *ava*.
- Il se porte garant de la réalisation du procès. Il emploie alors *pou*"[13].

Dans le créole de nos jours, *pou* apparaît très régulièrement après *pa*, les orrurrences de *pa, pa ava* étant très rares. Dans notre texte, nous avons relevé trois fois *pas va*, p. ex.:

Ou pas va embête moi encore (1,22)

et une fois *pas a*:

Zammais y pas a manz pitit hibou (38,11).

En ce qui concerne la distribution de *va* et de *a*, nous n'avons pu trouver aucune règle, si ce n'est qu'après un sujet nominal, *a* est toujours (sauf une seule exception 25,21) précédé de *y* (reprise du sujet):

pié di bois y a tombé (22,16)
l'amoû y a faî li mô (25,13)

---

13 Communication personnelle de Gabriel TARLE, qui, avec l'équipe de la Seksyon Kreol du Ministère de l'Education et de l'Information, a fait des recherches sur l'emploi des marqueurs prédicatifs en créole seychellois.

tandis que *va*, que Rodolphine Young semble avoir tendance à préférer après les sujets nominaux, n'est jamais précédé de la reprise du sujet:

> *la faim va faire zott mò* (15,4)
> *la cloce va sonné* (15,9)
> *coçon va sôti* (22,8)[14].

Dans la combinaison des marqueurs du passé et du futur qui forment le conditionnel, nous lisons presque toujours *ti a* et seulement trois fois *ti va*, p. ex.:

> *Ou ti a capab visite li tous les zoû sans crainte volê. /Quand ou ti va besoin aceté quéque çose, ou pas ti va gangne la peine alle si loin. /Ou ti a trouve li proce lan memm* (32,12-14).

Le futur dans le passé est exprimé par *ti* + *pou*, comme dans le créole actuel, p. ex.:

> *tout réna dans pays ti pou assemblé* (21,6)

et l'accompli du futur par *a* + *fine*:

> *L'hè y a fine dêtè tout racine* (22,16)
> *quand moi fine tî tout lé dents* (25,24).

5. *La phrase négative*

Quelques différences qui sautent aux yeux si on compare les fables de Rodolphine Young au créole moderne, concernent les phrases négatives. Il y a trois phénomènes dont il faut faire état ici: la négation du verbe *ana*, le négateur *na pas*, et le marqueur de l'impératif *a pas*.

a) La négation du verbe *(a)na*

La forme négative du verbe "avoir" est aujourd'hui *napa*, et cette forme est également fréquente chez R.Y., p. ex.:

> *Mo na pas ni zongue, ni lé dents* (25,30)

---

14 Notons aussi 16,9: *Son lend'main va manque eine*; 32,17: *Va la memme çose pou ou* (début de phrase); 34,14/15: *Ou a vanne moi èque grand blanc /Va paye moi çer.*

l'hè bonhomme y vini, n'a pas l'âzent (32,7).

Mais à côté de ce tour où le négateur suit le lexème verbal, on trouve aussi, assez souvent, l'ordre inverse, *na* précédé du négateur, p. ex.:

Comment ça s'fait ou pas na nârien pou manzé? (2,7)[15]
ça fait ou pas n'a l'aute métier? (2,10)
Zott dî pas na cantrelle, qui ana la oua pli zôli qui ou (1,11)
Pas na quèque çose plis difficile (48,1).

Cet ordre des mots, selon nos témoins tout à fait impossible dans le créole actuel[16], se retrouve en mauricien: *p'ena (< pa ena)* "ne pas avoir, il n'y a pas" (v. BAKER 1972, p. 106).

b) Le négateur *na pas*

Nous avons relevé quelques exemples où R.Y. emploie *na pas* (et *na pli*) au lieu de *pas* (et *nepli*) dans des phrases négatives, p. ex.:

Coma y ouâ l'aute n'a pas là ... (47,14)
Y reponne: "N'a pas moi! (27,18)
Na pas moi l'autè (33,11)
dè trois qui resté n'a pi ti capab sòti dans trou (15,3).

Ce négateur apparaît aussi dans le tour *N'a pas là!* "Pas du tout! Pas question!" (7,16 et 47,15), tour dont n'usent plus les locuteurs de nos jours. *Napa* comme négateur se retrouve, selon nos témoins, dans le parler de quelques vieilles personnes, mais est devenu rare, de même pour *na p(l)i*, qui a été remplacé par *nepli* (sauf dans le sens de *napli* "il n'y a plus"). Le créole mauricien a également gardé une variante *napa* du négateur, cf. BAKER 1972, p. 106: "A somewhat archaic variant of /pa/ is /napa/"[17].

---

15 Celui qui a ultérieurement "corrigé" le texte, a biffé *pas n'a* et écrit *na pas* au-dessus. V. plus haut p. 56.

16 CORNE, cependant, a relevé des exemples, v. 1977, p. 173: "The most usual form is *napa* [...] The other possibility is *pa + ana*, which is less common than *napa*. Indeed, *pa + ana* can always be replaced by *napa*, but the reverse is not true. In all cases, there does not appear to be any difference in meaning. Again, there is disagreement among informants."

17 En ce qui concerne l'historique du négateur *napa* dans le créole mauricien, v. BAKER 1982a, p. 222-4.

c) Le marqueur de l'impératif *a pas*

Dans les fables 12 et 18, nous lisons:

Compè, allons, sans façon, a pas zenné, manzé (12,19)

"... ne vous gênez pas (ou: ne nous gênons pas), mangez"

A pa prend moi pou soussouris (18,8)

"Ne me prends pas pour une chauve-souris".

A pas comme marqueur de l'impératif n'existe plus dans le seychellois actuel, et BAKER ne le mentionne pas non plus dans sa description du créole mauricien. On retrouve pourtant un marqueur semblable dans le créole haïtien, cf. VALDMAN 1970, p. 165-6:

Apa paspò-m ou mandé-m? "Didn't you ask me for my passport?"

Apa ou konnen palé krèòl! "You sure do know how to speak Creole.

Etant donné que nous ne pouvons pas encore proposer d'étymologie pour ce morphème, nous ne voulons pas nous prononcer sur une parenté possible entre seych. *a pas* et haït. *apa*.

6. Quelques conjonctions

pou

Bien qu'il ne s'agisse pas, dans ce cas, d'une divergence entre le créole ancien et le créole moderne, notons un emploi de *pou* qui n'a été enregistré ni par BOLLEE ni par CORNE:

Pou coquin, pas n'a son maîte coma Rénd (16,4).

Cf. l'emploi de *pour* dans cette même fonction en français (aujourd'hui vieilli):

Pour sauvage, vous l'êtes (Sainte-Beuve, v. GREVISSE § 210).

Dans le créole de nos jours, on peut dire p. ex.:

Pou malen, Gabi i ganny lezot. (Marie-Thérèse CHOPPY)

"Pour intelligent, Gabi dépasse les autres."

Pou kouyon, i bat zot tou (id.)

"Pour imbécile, il bat tout le monde."

lé temps

lé temps prend la valeur d'une conjonction avec le sens de "puisque":

> *L'aigue, lê temps li eine zoizeau, [ti fine fair son la case]*
> *tout à fait la haut, dans brance* (22,4).

ça fait

Ce tour, aujourd'hui tombé en désuétude, peut avoir la fonction
d'une conjonction avec le sens de "c'est pourquoi", ou d'un ad-
verbe interrogatif avec le sens de "pourquoi", p. ex.:

> *Ça fait loulou y dî li cien* (5,7)
> "C'est pourquoi le loup dit au chien"

> *Ça fait ou pas n'a l'aute métier?* (2,10)
> "Pourquoi n'avez-vous pas d'autre métier?"

si

Comme l'a noté BOLLEE (1977, p. 84) pour le créole actuel, *si*
peut avoir la valeur de "que":

> *Moi mo pas couâ si bon Dieu qui fine arranze ça comme ça* (26,13)
> "Je ne crois pas que c'est Dieu qui a arrangé cela de cette
> manière".

Conclusion

En conclusion, nous pouvons constater que, par rapport au créole
seychellois actuel, le créole dont se sert Rodolphine Young est
plus proche du créole mauricien - cf. les remarques que nous avons
faites au sujet de l'article indéfini, des pronoms *mo*, *to/toi* et
li, de *y êne a* "il y a", des marqueurs *fine* et *va*, de l'ordre des
morphèmes *pas na* et du négateur *na pas*. Vu l'histoire du créole
dans l'Océan Indien, ceci n'a rien de surprenant. Les recherches
entreprises tout récemment par Philip BAKER pour sa thèse de doc-
torat[18] l'ont amené à la conclusion

that, initially, Sey[chelles Creole] quite simply *was* Mau[ri-

---

18 *The contribution of non-Francophone immigrants to the lexicon of Mauritian
Creole*, thèse soutenue en 1982, et dont M. BAKER a bien voulu mettre le
manuscrit à notre disposition. Qu'il trouve ici l'expression de notre re-
connaissance.

tian Creole] [...] that speakers of Mau who were among early
settlers in the Seychelles were able to transmit their lan-
guage not only to their own children but also to immigrants
from East Africa and/or their descendants; that Sey is not the
product of an independent period of pidginization within the
Seychelles (1982b, p. 847).

Le créole seychellois s'est formé à l'Ile de France et a été im-
porté aux Seychelles dès le début de la colonisation de cet archi-
pel. Par la suite, le créole mauricien devenu seychellois s'est
développé indépendamment du créole mauricien aux Seychelles, mais
ne s'est pourtant pas beaucoup éloigné de sa langue soeur.

GLOSSAIRE

Pour le vocabulaire du créole seychellois, nous renvoyons le lec-
teur au *Diksyonner kreol-franse. Dictionnaire créole seychellois-
français* de Danielle D'OFFAY et Guy LIONNET. Les graphies de D'OF-
FAY/LIONNET sont indiquées entre [ ]. Les chiffres après les mots
vedettes renvoient aux fables et aux vers, P = Prologue. Nous n'a-
vons pas indiqué toutes les occurrences.

acoute, -é [akout-e] P,2; 6,23 "écouter" < fr. dial. *acouter*, v.
    CHAUDENSON, p. 680.
a là, ala [ala] 2,3; 4,10 "voilà".
ana, na [annan] 1,2; 1,11 "avoir", y ana "il y a" < fr. *il y en a*.
anou v. en-nous.
aspè, -ré [asper-e] 34,18 "attendre" < fr. dial. *espérer* "atten-
    dre", v. CHAUDENSON, p. 685-6.
bacca [baka] 9,8 "vin de canne à sucre" < Hindi $\bar{b}akhar$, $\bar{b}akhal$ "a
    drug used as a ferment", v. FORBES.
bafle [bafle] 12,12 "bâfrer".
bar d'zoù [bardzour] 6,4 "aube" < fr. dial. *barre du jour* "aube,
    aurore", v. CHAUDENSON, p. 697-8.
bazâ [bazar] 42,1 "marché" < Hindi $ba\bar{z}ar$ "marché", v. CHAUDENSON,
    p. 546-7 et BAKER 1982b, p. 449.
bel(le) [bel] 8,3; 45,4 "grand, gros" < fr. *bel, belle*, v. CHAU-
    DENSON, p. 702.
bitacion [bitasyon] 1,8, aujourd'hui "culture de plantes vivriè-
    res"; dans notre texte le mot a gardé le vieux sens d'"exploi-
    tation agricole, champ cultivé" < fr. *habitation*. Cf. l'emploi
    de ce mot dans Bernardin de Saint-Pierre, *Paul et Virginie:* "Il
    [M. de la Tour] s'embarqua pour Madagascar dans l'espérance d'y
    acheter quelques noirs, et de revenir promptement ici former
    une habitation." Le mot *habitation (labitation, bitation)* au
    sens d'exploitation agricole se retrouve dans tous les parlers
    créoles, v. CHAUDENSON, p. 597.
blizé [blize] P,19 "obliger, obligé".
bliye, bli(y)é [bliy-e] 7,30; 16,9; 22,32 "oublier".

bolté [bolte] 39,11 "prendre la fuite" < angl. *bolt*, v. D'OFFAY/
  LIONNET.
Bomme [bonm] 25,28 "bonhomme, vieillard (toujours suivi d'un pré-
  nom)" < fr. *bonhomme*.
bon na vini [bonavini] 46,9 "n'importe qui; n'importe comment" < ?
bouzois, boûrzois [bourzwa] P,1; P,11; 5,12 et passim "maître, pa-
  tron, chef de la famille; employeur" < fr., fr. dial. *bourgeois*
  "patron, maître, propriétaire, maître de la maison", v. FEW 1,
  634b.
caciette [kasyet] 14,7; 14,9 "cacher, se cacher" < fr. dial. *ca-
  chier* et *cachette* (?). V. CHAUDENSON, p. 658.
cadab [kadab] 20,33, ici: "homme de grande taille" < fr. pop., fr.
  dial. *cadave*, *cadabre* "homme grand et robuste", *grã kadabr*
  "homme de grande taille", v. FEW 2, 23a.
can [kan] 41,13 "agglomération de cahutes", ici: "petit lot de
  fatak (graminée sauvage)" < arabo-persan *khãn* "caravansérail",
  v. CHAUDENSON, p. 557-8.
cantrelle [kantrel] 1,11 "chanterelle (corde d'un instrument de
  musique)" < fr. dial. *canterelle* (?), v. D'OFFAY/LIONNET.
canze [kanz] 35,19 "bouillie faite de riz ou de manioc" < tamoul
  cannedi "amidon de riz", v. CHAUDENSON, p. 558-9.
c'eine là, cenne la [sennla] = ça eine là 4,3; 6,14; 43,10 "ce-
  lui-là".
commandè [komander] 24,18 "surveillant de travailleurs agricoles".
coquin [koken] 1,1 "voler; voleur, coquin".
còrbizo [korbizo] 23,18 "courlis, courlieu" < fr. *corbigeau* "cour-
  lis", v. FEW 2, 1239b.
coude vent [kou d'van] 14,18 "cyclone".
çouval 20,25, aujourd'hui [seval] "cheval", v. supra p. 61-2.
crab [krab] 26,9; 33,4 "sorte de durillon sous la plante du pied".
crie, -é [kriy-e] 6,9 "crier, appeler", v. CHAUDENSON, p. 741.
crocé [krose] 34,3 "la chose accrochée, le poisson accroché" (?).
doumoune, dimoune [dimoun, dimonn] P,19 et passim "gens; personne"
  < fr. *du monde*, v. CHAUDENSON, p. 815-8 et supra p. 61-2.
empayaz v. l'empayaz.
en di lo [andilo] 12,9 "se dit d'un mets trop liquide" < fr. *en
  de l'eau*.
en gâ 22,25; 30,3, aujourd'hui [pangar] "prenez garde, attention"
  < fr. *prends garde* (?). V. supra p. 62.

en-nous, anou [annou] 5,19; 9,13/14; 41,19 "allons; allons-y;
   marqueur de l'impératif" < fr. *à nous (de)*, v. CHAUDENSON,
   p. 679-80.

enque, einque 11,11; 26,3; 38,32, variante de nèque [nek]. V.
   supra p. 62.

èque [ek] P,10 et passim "avec".

fatak [fatak] 41,13 "grande graminée utilisée comme fourrage et
   dont les épis servent à faire des balais" < malg. *fataka* "gran-
   de herbe", v. CHAUDENSON, p. 504.

faye [fay] 5,5; 5,17 "Faible, sans force; méchant, mauvais" < fr.
   failli "qui a perdu toute force, faible, lâche; mauvais en
   gén.", v. FEW 3, 387a. Cf. réun. *fay* "méchant, mauvais; fati-
   gué, malade",haït., acad. louis. *faille* "faible, débile", v.
   CHAUDENSON, p. 757-8.

gal gal [galgal] 49,5 "égal".

gnace [gnas] 5,16 "flatteur" < ?

gournouille, gou(r)noui 3,1; 3,16; 17,2 "grenouille". Aujourd'hui
   [grenuiy, grenouy] , v. supra p. 61-2.

guette, -é [get-e] 3,7; 3,9 "regarder" < fr. *guetter*, v. CHAUDEN-
   SON, p. 773-4.

guine, dans le tour: ein p'tit guine [en pti gin] 2,4 "un petit
   peu, une petite quantité". Origine douteuse, v. CHAUDENSON,
   p. 1059-60 et BAKER 1982b, p. 650-3.

guingan [gengan] 25,33 "toile de coton, à rayures". Cf. anglo-in-
   dien *ginghams*, v. CHAUDENSON, p. 562 et BAKER 1982b, p. 462.

la caze [lakaz] P,20 et passim "maison" < fr. *la case*, v. CHAU-
   DENSON, p. 606-7.

la cour [lakour] 9,15 "lieu d'habitation, cour", [al dan lakour]
   "rentrer chez soi" < fr. *la cour*, v. CHAUDENSON, p. 744.

la melle [lanmel] 26,36 "meule (pour aiguiser)".

la pèce [lapes] 12,11 "pêcher" < fr. *la pêche*.

la vanni [lavaniy] 42,10/11 "vanille".

la zôlie 43,2, vieille forme de [lazonis] "jaunisse"?

l'empayaze [lanpayaz] 49,6 "paillis", ici:"être pris dans des dif-
   ficultés, dans l'embarras". Dérivé du fr. *empailler*, v. D'OF-
   FAY/LIONNET.

lô [lor, lo] 1,3 et passim "sur" < fr. *là-haut* et *en l'air* (?).
   V. CHAUDENSON, p. 691.

Loulou [loulou] 5,1; 16,1 "loup (dans la tradition orale)". Convergence entre fr. *loup*, malg. *lolo* "revenant, esprit malin" et hind. *lūlū* "a goblin to frighten children". V. CHAUDENSON, p. 509 et BAKER 1982b, p. 627-8.

madégonne [madegonn] 3,2 "vieux terme seychellois pour fruit à pain" < ?

maille, -é [may-e] 6,8; 8,8 "attraper, enlacer; se prendre dans" < fr. *mailler* "se prendre dans un filet", v. CHAUDENSON, p.805.

malbar [malbar] 42,11 "Indien non musulman; boutiquier" < toponyme *Malabar*, v. CHAUDENSON, p. 565 et BAKER 1982b, p. 394-5. Le sens de "boutiquier" s'explique par le fait qu'une partie du commerce aux Seychelles est gérée par des Indiens.

malfaisant [malfezan] P,10; 16,7 "nuisible; esprit nuisible".

manique [manik] 12,3; 44,1 "espèce de butor" < fr. *manique* ?

mate, -é [mat-e] 6,6 "dresser un piège" < fr., fr. dial. *mâter* "mettre debout, dresser", v. FEW 16, 540b et CHAUDENSON, p. 803-4.

maye 46,10 v. maille.

melle 26,36 v. la melle.

mêrne [mern] 38,4 variante de [merl] "merle".

miré P,17; 24,12, aujourd'hui [mirmir-e] "se plaindre tout bas" < fr. *murmurer*, v. supra p. 62.

môfine [mofin] 38,7; 43,22 "malheur; de mauvaise augure" < port. *mofina* "malchance" et fr. dial. *maufine* "épidémie meurtrière". V. CHAUDENSON, p. 567-8.

moucate [moukat] 9,7 "sorte de galette préparée soit avec du tapioca et de la farine de banane soit avec de la noix de coco rapée ou du fruit à pain" < bantu *mukate* "pain, galette, gâteau", v. BAKER 1982b, p. 128-9.

mousse zonne [mous zonn] 13,3 "espèce de guêpe" < fr. *mouche jaune*.

moutia [moutya] 2,11 "danse d'origine africaine, au tam-tam" < bantu (makuwa) *mutcira* "nom d'une danse", v. BAKER 1982b, p. 132.

nârien, nâien [naryen, nanryen] 2,7; 4,9 et passim "rien" < fr. *il n'y a rien*.

né né, néné, nennen [nennen] 16,11; 12,52; 37,7 "nez". Redoublement du fr. *nez*.

nèque [nek] 1,21; 5,1 "ne fait que; ne ... que, seulement".

nique [nik] 38,24 "nid" < fr. dial. *nic, nique* "nid", v. FEW 7, 119b-120a.

ouli 26,31, aujourd'hui [oli] "où est?". V. supra p. 62.

paquatia [pakatya] 6,26 "panier fait de feuilles de coco tressées, à couvercle" < swah. *pakača* "sorte de panier à claire-voie tressé avec des folioles de cocotier", v. SACLEUX.

pèce v. la pèce.

pié di bois [pye dibwa] 22,1 "arbre", de même dans d'autres créoles, cf. réun. *pyé d bwa*, mart. *pied bois*. < Fr. *pied du bois*, v. CHAUDENSON, p. 842-3.

pile, -é [pil-e] 17,12 "marcher, piétiner" < fr., fr. dial. *piler* "marcher, mettre le pied sur, piétiner", v. CHAUDENSON, p. 834.

plime, -é [plim-e] 5,21 "dépouiller, arracher le poil" < anc. fr., fr. dial. *plumer* "arracher le poil". V. CHAUDENSON, p. 837.

p'tit mil [timil] 29,29 "millet".

quile, -é [kil-e] 15,19 "reculer".

race, -é [ras-e] 8,17, variante de *arace,-é* (25,27/28) "arracher".

rhale, -é [ral-e] 34,8 "hâler" < fr. *hâler*.

r(h)isse, -é [ris-e] 23,17; 34,8 "tirer, hisser" < fr.*hisser*.

rode, -é [rod-e] P,11; 13,13 "chercher" < fr. *rôder*, v. CHAUDENSON, p. 852.

rotin [roten] 6,29 "fouet au tige de rotin".

sais pas [sepa] 5,8 "?", 43,2 "peut-être".

sangué malbar 42,11 "sous la contrainte du boutiquier". Dérivé de [sang-e] "frapper avec une ceinture de cuir".

séye, -é, saye, seye [sey-e] 12,11; 15,13; 20,4 "essayer".

séga [sega] 2,12 "danse rythmée typique de l'Océan Indien, probablement d'origine africaine" < bantu *seka, seziga* "danser", *sega* "jouer", v. BAKER 1982b, p. 618-22.

senne là 43,8 v. c'eine là.

sitini [sitini] 13,5 "soutenir une idée, un argument" < fr. *soutenir*.

solent 10,17 "insolent, désagréable", aujourd'hui [ensolan] V. supra p. 62.

soungoula [soungoula] 7,13 "personnage malin, mi-singe, mi-homme (dans les contes seychellois)" < swah. *sũngura, sũngula* "lièvre; personne rusée [...], fin compère, fin matois". V. BAKER 1982, p. 123.

souque, -é [souk-e] 47,12 "saisir, attraper" < fr. *souquer* (terme
de marine), v. CHAUDENSON, p 866-7.

soussouris bananne [sousouri bannann] 18,1 "espèce de petite chau-
ve-souris insectivore".

tande, -é, tanne [tann-tande] 1,10; 3,12 "entendre".

taye, -é [tay-e] 4,11; 17,11 "courir" < fr. *tailler de l'avant*
"faire route à bonne vitesse" (terme de marine). V. CHAUDENSON,
p. 872.

tet-de-môr [tetdemor] 1,1 "sorte de fromage".

tiombo [tyonbo] 1,2; 8,9 "tenir; attraper, prendre" < fr. *tiens*
bon, v. CHAUDENSON, p. 882-3.

tiquetaque [tiktak] 16,8 "insecte de la famille des élatéridés" <

touy, -é [touy-e] 43,15 "tuer".

trammé 14,11 "trembler" ?

trou [trou] 11,16; 32,19 "fosse".

vacabond [vakabon] 45,13 "vagabond, propre à rien" < fr. dial. *va-*
cabond, v. CHAUDENSON, p. 883.

vanni v. la vanni.

zain 34,1 "hameçon" < fr., fr. dial. *ain*, *haim* "hameçon", v. FEW
4, 380a. Le mot n'est plus en usage aux Seychelles aujourd'hui,
mais se retrouve à la Réunion et dans les parlers de la zone
américaine, cf. haït. *zɛ̃*, mart. *zain*, acad. louis. *haim* 'hame-
çon", v. CHAUDENSON, p. 890.

zêbazes [zerbaz] 35,10 "herbes médicinales" < fr. *herbages*, v.
CHAUDENSON, p. 890.

zhabitant [zabitan] 20,6 "cultivateur" < fr. *habitant*. Le mot se
retrouve, avec le même sens, dans les autres parlers créoles,
en acad. louis. et en fr. québécois. V. CHAUDENSON 598-9. Dans
le seychellois actuel, le mot a perdu le sens de "cultivateur"
et correspond au français *habitant*.

zôlie v. la zôlie.

zounou [zounou] 7,11 "genou". V. supra p. 61-2.

zoû, -ré [zour-e] 40,14 "injurier, jurer" < fr. *jurer*.

zou(r)ite [zourit] 25,48; 31,21 "pieuvre" < malg. *horíta* "pieuvre",
v. CHAUDENSON, p. 535 et BAKER 1982b, p. 405-6.

FABLES DE LA FONTAINE[1]

1 (I,2)

LE CORBEAU ET LE RENARD

Maître corbeau, sur un arbre perché,
    Tenait en son bec un fromage.
Maître renard, par l'odeur alléché,
    Lui tint à peu près ce langu2age :
    "Et bonjour, Monsieur du Corbeau.
Que vous êtes joli! que vous me semblez beau!
    Sans mentir, si votre ramage
    Se rapporte à votre plumage,
Vous êtes le phénix des hôtes de ces bois."
A ces mots, le corbeau ne se sent pas de joie;
    Et pour montrer sa belle voix,
Il ouvre un large bec, laisse tomber sa proie.
Le renard s'en saisit, et dit : "Mon bon monsieur,
    Apprenez que tout flatteur
    Vit aux dépens de celui qui l'écoute.
Cette leçon vaut bien un fromage sans doute."
    Le corbeau honteux et confus,
Jura, mais un peu tard, qu'on ne l'y prendrait plus.

2 (I,1)

LA CIGALE ET LA FOURMI

La cigale, ayant chanté
    Tout l'été,
Se trouva fort dépourvue
Quand la bise fut venue.
Pas un seul petit morceau
De mouche ou de vermisseau.
Elle alla crier famine
Chez la fourmi sa voisine,
La priant de lui prêter
Quelque grain pour subsister
Jusqu'à la saison nouvelle.
"Je vous paierai, lui dit-elle,
Avant l'oût, foi d'animal
Intérêt et principal."

---

1 Nous citons les fables de La Fontaine d'après l'édition de la Bibliothèque de
la Pléiade: La Fontaine, *Oeuvres complètes. I : Fables, contes et nouvelles*.
Introduction par Edmond Pilon et René Groos. Texte établi et annoté par René
Groos et Jacques Schiffrin. Paris, Gallimard, 1954.

          La fourmi n'est pas prêteuse;
          C'est là son moindre défaut.
          "Que faisiez-vous au temps chaud?
          Dit-elle à cette emprunteuse.
          - Nuit et jour à tout venant
          Je chantais, ne vous déplaise.
          - Vous chantiez? j'en suis fort aise.
          Eh bien! dansez maintenant."

3 (I,3)

LA GRENOUILLE QUI SE VEUT FAIRE

AUSSI GROSSE QUE LE BOEUF

        Une grenouille vit un boeuf
          Qui lui sembla de belle taille.
Elle qui n'était pas grosse en tout comme un oeuf,
Envieuse s'étend, et s'enfle, et se travaille
        Pour égaler l'animal en grosseur,
           Disant : "Regardez bien, ma soeur;
Est-ce assez? dites-moi. N'y suis-je point encore?
- Nenni. - M'y voici donc? - Point du tout. - M'y voilà?
- Vous n'en approchez point." La chétive pécore
          S'enfla si bien qu'elle creva.
Le monde est plein de gens qui ne sont pas plus sages :
Tout bourgeois veut bâtir comme les grands seigneurs;
     Tout petit prince a des ambassadeurs :
          Tout marquis veut avoir des pages.

4 (I,4)

LES DEUX MULETS

Deux mulets cheminaient : l'un d'avoine chargé;
     L'autre portant l'argent de la gabelle.
Celui-ci, glorieux d'une charge si belle,
N'eût voulu pour beaucoup en être soulagé.
          Il marchait d'un pas relevé,
          Et faisait sonner sa sonnette,
          Quand, l'ennemi se présentant,
          Comme il en voulait à l'argent,
Sur le mulet du fisc une troupe se jette,
          Le saisit au frein, et l'arrête.
          Le mulet en se défendant
Se sent percer de coups : il gémit, il soupire.
"Est-ce donc là, dit-il, ce qu'on m'avait promis?
Ce mulet qui me suit du danger se retire,
          Et moi, j'y tombe et je péris.
          - Ami, lui dit son camarade,
Il n'est pas toujours bon d'avoir un haut emploi.
Si tu n'avais servi qu'un meunier, comme moi,
          Tu ne serais pas si malade."

5 (I,5)

LE LOUP ET LE CHIEN

Un loup n'avait que les os et la peau,
    Tant les chiens faisaient bonne garde.
Ce loup rencontre un dogue aussi puissant que beau,
Gras, poli, qui s'était fourvoyé par mégarde.
        L'attaquer, le mettre en quartiers,
        Sire loup l'eût fait volontiers.
        Mais il fallait livrer bataille;
        Et le mâtin était de taille
        A se défendre hardiment.
        Le loup donc l'aborde humblement,
    Entre en propos, et lui fait compliment
        Sur son embonpoint qu'il admire.
        "Il ne tiendra qu'à vous, beau sire,
    D'être aussi gras que moi, lui repartit le chien.
        Quittez les bois, vous ferez bien :
        Vos pareils y sont misérables,
        Cancres, hères, et pauvres diables,
Dont la condition est de mourir de faim.
Car quoi? Rien d'assuré; point de franche lippée :
        Tout à la pointe de l'épée.
Suivez-moi : vous aurez un bien meilleur destin."
    Le loup reprit : "Que me faudra-t-il faire;
- Presque rien, dit le chien, donner la chasse aux gens
        Portants bâtons et mendiants;
Flatter ceux du logis, à son maître complaire;
        Moyennant quoi votre salaire
Sera force reliefs de toutes les façons :
        Os de poulets, os de pigeons;
        Sans parler de mainte caresse."
Le loup déjà se forge une félicité
        Qui le fait pleurer de tendresse.
Chemin faisant il vit le col du chien pelé.
"Qu'est-ce là? lui dit-il. - Rien. - Quoi rien? - Peu de chose.
- Mais encor? - Le collier dont je suis attaché
De ce que vous voyez est peut-être la cause.
- Attaché; dit le loup; vous ne courez donc pas
    Où vous voulez? - Pas toujours, mais qu'importe?
- Il importe si bien que de tous vos repas
        Je ne veux en aucune sorte,
Et ne voudrais pas même à ce prix un trésor."
Cela dit, maître loup s'enfuit, et court encor.

6 (I,6)

LA GÉNISSE, LA CHÈVRE ET LA BREBIS,

EN SOCIÉTÉ AVEC LE LION

La génisse, la chèvre et leur soeur la brebis
Avec un fier lion, seigneur du voisinage,
Firent société, dit-on, au temps jadis
Et mirent en commun le gain et le dommage.

Dans les lacs de la chèvre un cerf se trouva pris.
Vers ses associés aussitôt elle envoie.
Eux venus, le lion par ses ongles compta,
Et dit : Nous sommes quatre à partager la proie."
Puis en autant de parts le cerf il dépeça,
Prit pour lui la première en qualité de sire :
"Elle doit être à moi, dit-il, et la raison,
        C'est que je m'appelle Lion :
        A cela l'on n'a rien à dire.
La seconde par droit me doit échoir encor :
Ce droit, vous le savez, c'est le droit du plus fort.
Comme le plus vaillant je prétends la troisième.
Si quelqu'une de vous touche à la quatrième,
        Je l'étranglerai tout d'abord."

7 (I,7)

LA BESACE

JUPITER dit un jour : "Que tout ce qui respire
S'en vienne comparaître aux pieds de ma grandeur.
Si dans son composé quelqu'un trouve à redire,
        Il peut le déclarer sans peur :
        Je mettrai remède à la chose.
Venez, singe, parlez le premier, et pour cause.
Voyez ces animaux, faites comparaison
        De leurs beautés avec les vôtres.
Etes-vous satisfait? - Moi? dit-il; pourquoi non?
N'ai-je pas quatre pieds aussi bien que les autres?
Mon portrait jusqu'ici ne m'a rien reproché;
Mais pour mon frère l'ours, on ne l'a qu'ébauché.
Jamais, s'il me veut croire, il ne se fera peindre."
L'ours venant là-dessus, on crut qu'il s'allait plaindre.
Tant s'en faut : de sa forme il se loua très fort,
Glosa sur l'éléphant; dit qu'on pourrait encor
Ajouter à sa queue, ôter à ses oreilles;
Que c'était une masse informe et sans beauté.
        L'éléphant étant écouté,
Tout sage qu'il était, dit des choses pareilles.
        Il jugea qu'à son appétit
        Dame baleine était trop grosse.
Dame fourmi trouva le ciron trop petit,
        Se croyant, pour elle, un colosse.
Jupin les renvoya s'étant censurés tous,
Du reste contents d'eux. Mais, parmi les plus fous,
Notre espèce excella : car tout ce que nous sommes
Lynx envers nos pareils et taupes envers nous,
Nous nous pardonnons tout, et rien aux autres hommes.
On se voit d'un autre oeil qu'on ne voit son prochain.
        Le fabricateur souverain
Nous créa besaciers tous de même manière,
Tant ceux du temps passé que du temps d'aujourd'hui.
Il fit pour nos défauts la poche de derrière,
Et celle de devant pour les défauts d'autrui.

8 (I,8)

L'HIRONDELLE ET LES PETITS OISEAUX

        Une hirondelle en ses voyages
Avait beaucoup appris. Quiconque a beaucoup vu
        Peut avoir beaucoup retenu.
Celle-ci prévoyait jusqu'aux moindres orages,
        Et devant qu'ils fussent éclos
        Les annonçait aux matelots.
Il arriva qu'au temps que la chanvre se sème
Elle vit un manant en couvrir maint sillons :
"Ceci ne me plaît pas, dit-elle aux oisillons.
Je vous plains : car pour moi, dans ce péril extrême,
Je saurai m'éloigner, ou vivre en quelque coin.
Voyez-vous cette main qui par les airs chemine?
        Un jour viendra, qui n'est pas loin,
Que ce qu'elle répand sera votre ruine.
De là naîtront engins à vous envelopper,
        Et lacets pour vous attraper,
        Enfin mainte et mainte machine
        Qui causera dans la saison
        Votre mort ou votre prison.
        Gare la cage ou le chaudron!
        C'est pourquoi, leur dit l'hirondelle,
        Mangez ce grain, et croyez-moi."
        Les oiseaux se moquèrent d'elle :
        Ils trouvaient aux champs trop de quoi.
        Quand la chènevière fut verte,
L'hirondelle leur dit : "Arrachez brin à brin
        Ce qu'a produit ce maudit grain,
        Ou soyez sûrs de votre perte.
- Prophète de malheur, babillarde, dit-on,
        Le bel emploi que tu nous donnes!
        Il nous faudrait mille personnes
        Pour éplucher tout ce canton."
        La chanvre étant tout à fait crue,
L'hirondelle ajouta : "Ceci ne va pas bien;
        Mauvaise graine est tôt venue.
Mais puisque jusqu'ici l'on ne m'a crue en rien,
        Dès que vous verrez que la terre
        Sera couverte, et qu'à leurs blés
        Les gens n'étant plus occupés
        Feront aux oisillons ça guerre;
        Quand reginglettes et réseaux
        Attraperont petits oiseaux,
        Ne volez plus de place en place;
Demeurez au logis ou changez de climat :
Imitez le canard, la grue et la bécasse.
        Mais vous n'êtes pas en état
De passer comme nous les déserts et les ondes,
        Ni d'aller chercher d'autres mondes.
C'est pourquoi vous n'avez qu'un parti qui soit sûr :
C'est de vous renfermer aux trous de quelque mur."
        Les oisillons, las de l'entendre,
        Se mirent à jaser aussi confusément
Que faisaient les Troyens quand la pauvre Cassandre

Ouvrait la bouche seulement.
Il en prit aux uns comme aux autres :
Maint oisillon se vit esclave retenu.
Nous n'écoutons d'instincts que ceux qui sont les nôtres,
Et ne croyons le mal que quand il est venu.

9 (I,9)

LE RAT DE VILLE, ET LE RAT DES CHAMPS

Autrefois le rat de ville
Invita le rat des champs,
D'une façon fort civile,
A des reliefs d'ortolans.

Sur un tapis de Turquie
Le couvert se trouva mis.
Je laisse à penser la vie
Que firent ces deux amis.

Le régal fut fort honnête,
Rien ne manquait au festin;
Mais quelqu'un troubla la fête
Pendant qu'ils étaient en train.

A la porte de la salle
Ils entendirent du bruit.
Le rat de ville détale,
Son camarade le suit.

Le bruit cesse, on se retire :
Rats en campagne aussitôt;
Et le citadin de dire :
"Achevons tout notre rôt.

- C'est assez, dit le rustique;
Demain vous viendrez chez moi :
Ce n'est pas que je me pique
De tous vos festins de roi;

Mais rien ne vient m'interrompre :
Je mange tout à loisir.
Adieu donc, fi du plaisir
Que la crainte peut corrompre!"

10 (I,10)

LE LOUP ET L'AGNEAU

La raison du plus fort est toujours la meilleure,
Nous l'allons montrer tout à l'heure.
Un agneau se désaltérait
Dans un courant d'une onde pure.
Un loup survient à jeun qui cherchait aventure,
Et que la faim en ces lieux attirait.

"Qui te rend si hardi de troubler mon breuvage?
        Dit cet animal plein de rage :
        Tu seras châtié de ta témérité.
- Sire, répond l'agneau, que Votre Majesté
        Ne se mette pas en colère;
        Mais plutôt qu'elle considère
        Que je me vas désaltérant
                Dans le courant,
        Plus de vingt pas au-dessous d'elle,
Et que par conséquent en aucune façon
        Je ne puis troubler sa boisson.
- Tu la troubles, reprit cette bête cruelle,
Et je sais que de moi tu médis l'an passé.
- Comment l'aurais-je fait, si je n'étais pas né?
        Reprit l'agneau, je tette encor ma mère.
            - Si ce n'est toi, c'est donc ton frère.
    - Je n'en ai point. - C'est donc quelqu'un des tiens :
        Car vous ne m'épargnez guère,
        Vous, vos bergers et vos chiens.
On me l'a dit : il faut que je me venge."
        Là-dessus au fond des forêts
        Le loup l'emporte, et puis le mange
        Sans autre forme de procès.

11 (I,16)

LA MORT ET LE BUCHERON

Un pauvre bûcheron, tout couvert de ramée,
Sous le faix du fagot aussi bien que des ans
Gémissant et courbé marchait à pas pesants,
Et tâchait de gagner sa chaumine enfumée.
Enfin, n'en pouvant plus d'effort et de douleur,
Il met bas son fagot, il songe à son malheur.
Quel plaisir a-t-il eu depuis qu'il est au monde?
En est-il un plus pauvre en la machine ronde?
Point de pain quelquefois, et jamais de repos.
Sa femme, ses enfants, les soldats, les impôts,
        Le créancier et la corvée,
Lui font d'un malheureux la peinture achevée.
Il appelle la mort; elle vient sans tarder,
        Lui demande ce qu'il faut faire.
        "C'est, dit-il, afin de m'aider
A recharger ce bois; tu ne tarderas guère."

        Le trépas vient tout guérir;
        Mais ne bougeons d'où nous sommes.
        Plutôt souffrir que mourir,
        C'est la devise des hommes.

12 (I,18)

LE RENARD ET LA CICOGNE

Compère le renard se mit un jour en frais,
Et retint à dîner commère la cicogne.
Le régal fut petit, et sans beaucoup d'apprêts;
    Le galant pour toute besogne
Avait un brouet clair (il vivait chichement).
Ce brouet fut par lui servi sur une assiette :
La cicogne au long bec n'en put attraper miette;
Et le drôle eut lapé le tout en un moment.
   Pour se venger de cette tromperie,
A quelque temps de là, la cicogne le prie.
"Volontiers, lui dit-il, car avec mes amis
    Je ne fais point cérémonie."
   A l'heure dite il courut au logis
    De la cicogne son hôtesse,
    Loua très fort la politesse,
    Trouva le dîner cuit à point.
Bon appétit surtout; renards n'en manquent point.
Il se réjouissait à l'odeur de la viande
Mise en menus morceaux, et qu'il croyait friande.
    On servit, pour l'embarrasser,
En un vase à long col, et d'étroite embouchure.
Le bec de la cicogne y pouvait bien passer,
Mais le museau du sire était d'autre mesure.
Il lui fallut à jeun retourner au logis,
Honteux comme un renard qu'une poule aurait pris,
   Serrant la queue, et portant bas l'oreille.
    Trompeurs, c'est pour vous que j'écris,
    Attendez-vous à la pareille.

13 (I,21)

LES FRELONS ET LES MOUCHES À MIEL

    A l'oeuvre on connaît l'artisan.
Quelques rayons de miel sans maître se trouvèrent;
    Des frelons les réclamèrent.
    Des abeilles s'opposant,
Devant certaine guêpe on traduisit la cause.
Il était malaisé de décider la chose.
Les témoins déposaient qu'autour de ces rayons
Des animaux ailés, bourdonnants, un peu longs,
De couleur fort tannée, et tels que les abeilles,
Avaient longtemps paru. Mais quoi! dans les frelons
    Ces enseignes étaient pareilles.
La guêpe, ne sachant que dire à ces raisons,
Fit enquête nouvelle, et pour plus de lumière
    Entendit une fourmilière.
    Le point n'en put être éclairci.
    "De grâce, à quoi bon tout ceci?
    Dit une abeille fort prudente,
Depuis tantôt six mois que la cause est pendante,
    Nous voici comme aux premiers jours.

          Pendant cela le miel se gâte.
Il est temps désormais que le juge se hâte :
          N'a-t-il point assez léché l'ours?
Sans tant de contredits et d'interlocutoires,
          Et de fatras, et de grimoires,
          Travaillons, les frelons et nous :
On verra qui sait faire avec un suc si doux
          Des cellules si bien bâties."
          Le refus des frelons fit voir
          Que cet art passait leur savoir,
Et la guêpe adjugea le miel à leurs parties.
Plût à Dieu qu'on réglât ainsi tous les procès !
Que des Turcs en cela l'on suivît la méthode!
Le simple sens commun nous tiendrait lieu de code;
          Il ne faudrait point tant de frais.
          Au lieu qu'on nous mange, on nous gruge,
          On nous mine par des longueurs;
On fait tant, à la fin, que l'huître est pour le juge,
          Les écailles pour les plaideurs.

                    14 (I,22)

               LE CHÊNE ET LE ROSEAU

          Le chêne un jour dit au roseau :
"Vous avez bien sujet d'accuser la nature :
Un roitelet pour vous est un pesant fardeau.
          Le moindre vent qui d'aventure
          Fait rider la face de l'eau
          Vous oblige à baisser la tête :
Cependant que mon front, au Caucase pareil,
Non content d'arrêter les rayons du soleil,
          Brave l'effort de la tempête.
Tout vous est aquilon, tout me semble zéphyr.
Encor si vous naissiez à l'abri du feuillage
          Dont je couvre le voisinage,
          Vous n'auriez pas tant à souffrir :
          Je vous défendrais de l'orage.
          Mais vous naissez le plus souvent
Sur les humides bords des royaumes du vent.
La nature envers vous me semble bien injuste.
- Votre compassion, lui répondit l'arbuste,
Part d'un bon naturel; mais quittez ce souci.
   Les vents me sont moins qu'à vous redoutables.
Je plie, et ne romps pas. Vous avez jusqu'ici
          Contre leurs coups épouvantables
          Résisté sans courber le dos;
Mais attendons la fin." Comme il disait ces mots,
Du bout de l'horizon accourt avec furie
          La plus terrible des enfants
Que le Nord eût portés jusque-là dans ses flancs.
          L'arbre tient bon, le roseau plie;
          Le vent redouble ses efforts,
          Il fait si bien qu'il déracine
Celui de qui la tête au ciel était voisine,
Et dont les pieds touchaient à l'empire des morts.

15 (II,2)

CONSEIL TENU PAR LES RATS

Un chat nommé Rodilardus
Faisait des rats telle déconfiture,
Que l'on n'en voyait presque plus,
Tant il en avait mis dedans la sépulture.
Le peu qu'il en restait, n'osant quitter son trou,
Ne trouvait à manger que le quart de son soûl;
Et Rodilard passait, chez la gent misérable,
Non pour un chat, mais pour un diable.
Or un jour qu'au haut et au loin
Le galant alla chercher femme,
Pendant tout le sabbat qu'il fit avec sa dame,
Le demeurant des rats tint chapitre en un coin
Sur la nécessité présente.
Dès l'abord leur doyen, personne fort prudente,
Opina qu'il fallait, et plus tôt que plus tard,
Attacher un grelot au cou de Rodilard;
Qu'ainsi, quand il irait en guerre,
De sa marche avertis, ils s'enfuiraient sous terre;
Qu'il n'y savait que ce moyen.
Chacun fut de l'avis de monsieur le doyen,
Chose ne leur parut à tous plus salutaire.
La difficulté fut d'attacher le grelot.
L'un dit : "Je n'y vas point, je ne suis pas si sot";
L'autre : "Je ne saurais." Si bien que sans rien faire
On se quitta. J'ai maints chapitres vus,
Qui pour néant se sont ainsi tenus :
Chapitres non de rats, mais chapitres de moines,
Voire chapitres de chanoines.

Ne faut-il que délibérer,
La cour en conseillers foisonne;
Est-il besoin d'exécuter,
L'on ne rencontre plus personne.

16 (II,3)

LE LOUP PLAIDANT CONTRE LE RENARD
PAR-DEVANT LE SINGE

Un loup disait que l'on l'avait volé.
Un renard, son voisin, d'assez mauvaise vie,
Pour ce prétendu vol par lui fut appelé.
Devant le singe il fut plaidé,
Non point par avocats, mais par chaque partie.
Thémis n'avait point travaillé,
De mémoire de singe, à fait plus embrouillé.
Le magistrat suait en son lit de justice.
Après qu'on eut bien contesté,
Répliqué, crié, tempêté,
Le juge, instruit de leur malice,
Leur dit : "Je vous connais de longtemps, mes amis;

          Et tous deux vous paierez l'amende :
Car toi, loup, tu te plains, quoiqu'on ne t'ait rien pris;
Et toi, renard, as pris ce que l'on te demande."
Le juge prétendait qu'à tort et à travers
On ne saurait manquer condamnant un pervers.

17 (II,4)

LES DEUX TAUREAUX ET UNE GRENOUILLE

Deux taureaux combattaient à qui posséderait
          Une génisse avec l'empire.
          Une grenouille en soupirait.
          "Qu'avez-vous? se mit à lui dire
          Quelqu'un du peuple croassant.
          - Et ne voyez-vous pas, dit-elle,
          Que la fin de cette querelle
Sera l'exil de l'un; que l'autre, le chassant,
Le fera renoncer aux campagnes fleuries?
Il ne régnera plus sur l'herbe des prairies,
Viendra dans nos marais régner sur les roseaux
Et, nous foulant aux pieds jusques au fond des eaux,
Tantôt l'une, et puis l'autre, il faudra qu'on pâtisse
Du combat qu'a causé madame la génisse."
          Cette crainte était de bon sens.
          L'un des taureaux en leur demeure
          S'alla cacher à leurs dépens :
          Il en écrasait vingt par heure.
          Hélas! on voit que de tout temps
Les petits ont pâti des sottises des grands.

18 (II,5)

LA CHAUVE-SOURIS ET LES DEUX BELETTES

Une chauve-souris donna tête baissée
Dans un nid de belette; et, sitôt qu'elle y fut,
L'autre, envers les souris de longtemps courroucée
          Pour la dévorer accourut.
"Quoi! vous osez, dit-elle, à mes yeux vous produire,
Après que votre race a tâché de me nuire!
N'êtes-vous pas souris? Parlez sans fiction.
Oui, vous l'êtes, ou bien je ne suis pas belette.
          - Pardonnez-moi, dit la pauvrette,
          Ce n'est pas ma profession.
Moi, souris! des méchants vous ont dit ces nouvelles.
          Grâce à l'auteur de l'univers,
          Je suis oiseau : voyez mes ailes.
          Vive la gent qui fend les airs!"
          Sa raison plut et sembla bonne.
          Elle fait si bien qu'on lui donne
          Liberté de se retirer.
          Deux jours après, notre étourdie
          Aveuglément se va fourrer
Chez une autre belette aux oiseaux ennemie.

La voilà derechef en danger de sa vie.
La dame du logis, avec son long museau,
S'en allait la croquer, en qualité d'oiseau,
Quand elle protesta qu'on lui faisait outrage.
"Moi, pour telle passer? vous n'y regardez pas.
     Qui fait l'oiseau? C'est le plumage.
     Je suis souris : vivent les rate!
     Jupiter confonde les chats!"
     Par cette adroite repartie
     Elle sauva deux fois sa vie.

Plusieurs se sont trouvés qui d'écharpe changeants,
Aux dangers, ainsi qu'elle, ont souvent fait la figue.
     Le sage dit, selon les gens :
     Vive le Roi! Vive la Ligue!

19 (II,7)

LA LICE ET SA COMPAGNE

     Une lice étant sur son terme,
Et ne sachant où mettre un fardeau si pressant,
Fait si bien qu'à la fin sa compagne consent
De lui prêter sa hutte, où la lice s'enferme.
Au bout de quelque temps sa compagne revient.
La lice lui demande encore une quinzaine.
Ses petits ne marchaient, disait-elle, qu'à peine.
     Pour faire court, elle l'obtient.
Ce second terme échu, l'autre lui redemande
     Sa maison, sa chambre, son lit.
La lice cette fois montre les dents, et dit :
"Je suis prête à sortir avec toute ma bande,
     Si vous pouvez nous mettre hors."
     Ses enfants étaient déjà forts.

Ce qu'on donne aux méchants, toujours on le regrette.
     Pour tirer d'eux ce qu'on leur prête,
     Il faut que l'on en vienne aux coups;
     Il faut plaider, il faut combattre.
     Laissez-leur prendre un pied chez vous,
     Ils en auront bientôt pris quatre.

20 (III,1)

LE MEUNIER, SON FILS, ET L'ANE

     [...]

Malherbe là-dessus : "Contenter tout le monde!
Ecoutez ce récit avant que je réponde.

"J'ai lu dans quelque endroit qu'un meunier et son fils
L'un vieillard, l'autre enfant, non pas des plus petits,
Mais garçon de quinze ans, si j'ai bonne mémoire,
Allaient vendre leur âne un certain jour de foire.

Afin qu'il fût plus frais et de meilleur débit,
On lui lia les pieds, on vous le suspendit;
Puis cet homme et son fils le portent comme un lustre :
Pauvres gens, idiots, couple ignorant et rustre.
Le premier qui les vit de rire s'éclata.
"Quelle farce, dit-il, vont jouer ces gens-là?
"Le plus âne des trois n'est pas celui qu'on pense."
Le meunier à ces mots connaît son ignorance.
Il met sur pieds sa bête, et la fait détaler.
L'âne, qui goûtait fort l'autre façon d'aller,
Se plaint en son patois. Le meunier n'en a cure.
Il fait monter son fils, il suit, et d'aventure
Passent trois bons marchands. Cet objet leur déplut.
Le plus vieux au garçon s'écria tant qu'il put :
"Oh là! oh! descendez, que l'on ne vous le dise,
"Jeune homme qui menez laquais à barbe grise.
"C'était à vous de suivre, au vieillard de monter.
" - Messieurs, dit le meunier, il vous faut contenter."
L'enfant met pied à terre, et puis le vieillard monte,
Quand, trois filles passant, l'une dit : "C'est grand'honte
"Qu'il faille voir ainsi clocher ce jeune fils,
"Tandis que ce nigaud, comme un évêque assis,
"Fait le veau sur son âne, et pense être bien sage.
" - Il n'est, dit le meunier, plus de veaux à mon âge.
"Passez votre chemin, la fille, et m'en croyez."
Après maint quolibets coup sur coup renvoyés,
L'homme crut avoir tort, et mit son fils en croupe.
Au bout de trente pas, une troisième troupe
Trouve encore à gloser. L'un dit : "Ces gens sont fous,
"Le baudet n'en peut plus, il mourra sous leurs coups.
"Hé quoi! charger ainsi cette pauvre bourrique!
"N'ont-ils point de pitié de leur vieux domestique?
"Sans doute qu'à la foire ils vont vendre sa peau.
" - Parbleu, dit le meunier, est bien fou du cerveau
"Qui prétend contenter tout le monde et son père.
"Essayons toutefois si par quelque manière
"Nous en viendrons à bout." Ils descendent tous deux.
L'âne, se prélassant, marche seul devant eux.
Un quidam les rencontre, et dit : "Est-ce la mode
"Que baudet aille à l'aise, et meunier s'incommode?
"Qui de l'âne ou du maître est fait pour se lasser?
"Je conseille à ces gens de le faire enchâsser.
"Ils usent leurs souliers, et conservent leur âne :
"Nicolas au rebours, car, quand il va voir Jeanne,
"Il monte sur sa bête; et la chanson le dit.
"Beau trio de baudets!" Le meunier repartit :
"Je suis âne, il est vrai, j'en conviens, je l'avoue;
"Mais que dorénavant on me blâme, on me loue;
"Qu'on dise quelque chose, ou qu'on ne dise rien,
"J'en veux faire à ma tête." Il le fit, et fit bien.

"Quant à vous, suivez Mars, ou l'Amour, ou le Prince;
Allez, venez, courez, demeurez en province;
Prenez femme, abbaye, emploi, gouvernement :
Les gens en parleront, n'en doutez nullement."

21 (V,5)

LE RENARD AYANT LA QUEUE COUPÉE

        Un vieux renard, mais des plus fins,
Grand croqueur de poulets, grand preneur de lapins,
        Sentant son renard d'une lieue,
        Fut enfin au piège attrapé.
    Par grand hasard en étant échappé,
Non pas franc, car pour gage il y laissa sa queue;
S'étant, dis-je, sauvé sans queue et tout honteux,
Pour avoir des pareils (comme il était habile),
Un jour que les renards tenaient conseil entre eux :
"Que faisons-nous, dit-il, de ce poids inutile,
Et qui va balayant tous les sentiers fangeux?
Que nous sert cette queue? Il faut qu'on se la coupe.
    Si l'on me croit, chacun s'y résoudra.
- Votre avis est fort bon, dit quelqu'un de la troupe,
Mais tournez-vous, de grâce, et l'on vous répondra."
A ces mots, il se fit une telle huée
Que le pauvre écourté ne put être entendu.
Prétendre ôter la queue eût été temps perdu;
        La mode en fut continuée.

22 (III,6)

L'AIGLE, LA LAIE ET LA CHATTE

    L'aigle avait ses petits au haut d'un arbre creux,
        La laie au pied, la chatte entre les deux;
    Et sans s'incommoder, moyennant ce partage,
    Mères et nourrissons faisaient leur tripotage.
    La chatte détruisit par sa fourbe l'accord.
    Elle grimpa chez l'aigle, et lui dit : "Notre mort
    (Au moins de nos enfants, car c'est tout un aux mères)
            Ne tardera possible guères.
    Voyez-vous à nos pieds fouir incessament
    Cette maudite laie, et creuser une mine?
    C'est pour déraciner le chêne assurément,
    Et de nos nourrisons attirer la ruine.
        L'arbre tombant, ils seront dévorés :
            Qu'ils s'en tiennent pour assurés.
    S'il m'en restait un seul, j'adoucirais ma plainte."
    Au partir de ce lieu, qu'elle remplit de crainte,
        La perfide descend tout droit
                A l'endroit
        Où la laie était en gésine.
        "Ma bonne amie et ma voisine,
    Lui dit-elle tout bas, je vous donne un avis.
    L'aigle, si vous sortez, fondra sur vos petits.
        Obligez-moi de n'en rien dire :
        Son courroux tomberait sur moi."
    Dans cette autre famille ayant semé l'effroi
        La chatte en son trou se retire.
    L'aigle n'ose sortir, ni pourvoir aux besoins
        De ses petits; la laie encore moins :

Sottes de ne pas voir que le plus grand des soins,
Ce doit être celui d'éviter la famine.
À demeurer chez soi l'une et l'autre s'obstine
Pour secourir les siens dedans l'occasion :
    L'oiseau royal en cas de mine,
    La laie en cas d'irruption.
La faim détruisit tout : il ne resta personne,
De la gent marcassine et de la gent aiglonne,
    Qui n'allât de vie à trépas :
    Grand renfort pour messieurs les chats.

Qui ne sait point ourdir une langue traîtresse
    Par sa pernicieuse adresse?
    Des malheurs qui sont sortis
    De la boîte de Pandore,
Celui qu'à meilleur droit tout l'univers abhorre,
    C'est la fourbe, à mon avis.

23 (III,9)

LE LOUP ET LA CICOGNE

    Les loups mangent gloutonnement.
    Un loup donc, étant de frairie,
    Se pressa, dit-on, tellement
    Qu'il en pensa perdre la vie.
Un os lui demeura bien avant au gosier.
De bonheur pour ce loup, qui ne pouvait crier,
    Près de là passe une cicogne.
    Il lui fait signe, elle accourt.
Voilà l'opératrice aussitôt en besogne.
Elle retira l'os; puis pour un si bon tour
    Elle demanda son salaire.
    "Votre salaire? dit le loup,
    Vous riez, ma bonne commère.
    Quoi! ce n'est pas encor beaucoup
D'avoir de mon gosier retiré votre cou?
    Allez, vous êtes une ingrate :
    Ne tombez jamais sous ma patte."

24 (III,14)

LE LION DEVENU VIEUX

    Le lion, terreur des forêts,
Chargé d'ans et pleurant son antique prouesse,
Fut enfin attaqué par ses propres sujets,
    Devenus forts par sa faiblesse.
Le cheval s'approchant lui donne un coup de pied,
Le loup un coup de dent, le boeuf un coup de corne.
Le malheureux lion, languissant, triste et morne,
Peut à peine rugir, par l'âge estropié.
Il attend son destin, sans faire aucunes plaintes,
Quand, voyant l'âne même à son antre accourir :
"Ah! c'est trop, lui dit-il : je voulais bien mourir;
Mais c'est mourir deux fois que souffrir tes atteintes."

25 (IV,1)

LE LION AMOUREUX

Du temps que les bêtes parlaient,
Les lions, entre autres, voulaient
Etre admis dans notre alliance.
Pourquoi non? puisque leur engeance
Valait la nôtre en ce temps-là,
Ayant courage, intelligence,
Et belle hure outre cela.
Voici comment il en alla.
Un lion de haut parentage,
En passant par un certain pré,
Rencontra bergère à son gré,
Il la demande en mariage.
Le père aurait fort souhaité
Quelque gendre un peu moins terrible.
La donner lui semblait bien dur;
La refuser n'était pas sûr;
Même un refus eût fait possible
Qu'on eût vu quelque beau matin
Un mariage clandestin
Car outre qu'en toute manière
La belle était pour les gens fiers,
Fille se coiffe volontiers
D'amoureux à longue crinière.
Le père donc ouvertement
N'osant renvoyer notre amant
Lui dit : "Ma fille est délicate;
Vos griffes la pourront blesser
Quand vous voudrez la caresser.
Permettez-donc qu'à chaque patte
On vous les rogne, et pour les dents,
Qu'on vous les lime en même temps.
Vos baisers en seront moins rudes,
Et pour vous plus délicieux;
Car ma fille y répondra mieux,
Etant sans ces inquiétudes."
Le lion consent à cela,
Tant son âme était aveuglée.
Sans dents ni griffes le voilà
Comme place démantelée.
On lâcha sur lui quelques chiens,
Il fit fort peu de résistance.
Amour, amour, quand tu nous tiens,
On peut bien dire : Adieu prudence.

26 (III,2)

LES MEMBRES ET L'ESTOMAC

Je devais par la royauté
Avoir commencé mon ouvrage.
A la voir d'un certain côté,
Messer Gaster en est l'image.

S'il a quelque besoin, tout le corps s'en ressent.
De travailler pour lui les membres se lassant,
Chacun d'eux résolut de vivre en gentilhomme,
Sans rien faire, alléguant l'exemple de Gaster.
"Il faudrait, disaient-ils, sans nous qu'il vécût d'air.
Nous suons, nous peinons, comme bêtes de somme.
Et pour qui? Pour lui seul; nous n'en profitons pas :
Notre soin n'aboutit qu'a fournir ses repas.
Chômons, c'est un métier qu'il veut nous faire apprendre."
Ainsi dit, ainsi fait. Les mains cessent de prendre,
        Les bras d'agir, les jambes de marcher.
Tous dirent à Gaster qu'il en allât chercher.
Ce leur fut une erreur dont ils se repentirent.
Bientôt les pauvres gens tombèrent en langueur;
Il ne se forma plus de nouveau sang au coeur;
Chaque membre en souffrit, les forces se perdirent.
        Par ce moyen les mutins virent
Que celui qu'ils croyaient oisif et paresseux
A l'intérêt commun contribuait plus qu'eux.
Ceci peut s'appliquer à la grandeur royale.
Elle reçoit et donne, et la chose est égale.
Tout travaille pour elle, et réciproquement
        Tout tire d'elle l'aliment.
Elle fait subsister l'artisan de ses peines,
Enrichit le marchand, gage le magistrat,
Maintient le laboureur, donne paye au soldat,
Distribue en cent lieux ses grâces souveraines,
        Entretient seule tout l'Etat.
        Ménénius le sut bien dire.
La commune s'allait séparer du sénat.
Les mécontents disaient qu'il avait tout l'empire,
Le pouvoir, les trésors, l'honneur, la dignité;
Au lieu que tout le mal était de leur côté :
Les tributs, les impôts, les fatigues de guerre.
Le peuple hors des murs était déjà posté,
La plupart s'en allaient chercher une autre terre,
        Quand Ménénius leur fit voir
        Qu'ils étaient aux membres semblables,
Et par cet apologue, insigne entre les fables,
        Les ramena dans leur devoir.

27 (IV,2)

LE BERGER ET LA MER

Du rapport d'un troupeau dont il vivait sans soins
Se contenta longtemps un voisin d'Amphitrite.
        Si sa fortune était petite,
        Elle était sûre tout au moins.
A la fin les trésors déchargés sur la plage
Le tentèrent si bien qu'il vendit son troupeau,
Trafiqua de l'argent, le mit entier sur l'eau;
        Cet argent périt par naufrage.
Son maître fut réduit à garder les brebis :
Non plus berger en chef comme il était jadis,
Quand ses propres moutons paissaient sur le rivage;

Celui qui s'était vu Corydon ou Tircis
        Fut Pierrot, et rien davantage.
Au bout de quelque temps il fit quelques profits,
        Racheta des bêtes à laine;
Et, comme un jour les vents retenant leur haleine
Laissaient paisiblement aborder les vaisseaux :
"Vous voulez de l'argent, ô mesdames les eaux,
Dit-il, adressez-vous, je vous prie, à quelque autre :
        Ma foi, vous n'aurez pas le nôtre.

Ceci n'est pas un conte à plaisir inventé.
        Je me sers de la vérité
        Pour montrer par expérience
        Qu'un sou quand il est assuré
        Vaut mieux que cinq en espérance;
Qu'il se faut contenter de sa condition;
Qu'aux conseils de la mer et de l'ambition
        Nous devons fermer les oreilles.
Pour un qui s'en louera, dix mille s'en plaindront.
        La mer promet monts et merveilles;
Fiez-vous-y, les vents et les voleurs viendront.

28 (IV,5)

L'ANE ET LE PETIT CHIEN

        Ne forçons point notre talent;
        Nous ne ferions rien avec grâce.
        Jamais un lourdaud, quoi qu'il fasse,
        Ne saurait passer pour galant.
Peu de gens que le Ciel chérit et gratifie
Ont le don d'agréer infus avec la vie.
        C'est un point qu'il leur faut laisser,
Et ne pas ressembler à l'âne de la fable,
        Qui, pour se rendre plus aimable
Et plus cher à son maître, alla le caresser.
        "Comment! disait-il en son âme,
        Ce chien, parce qu'il est mignon,
        Vivra de pair à compagnon
        Avec monsieur, avec madame,
        Et j'aurai des coups de bâton?
        Que fait-il? Il donne la patte,
        Puis aussitôt il est baisé.
S'il en faut faire autant afin que l'on me flatte,
        Cela n'est pas bien malaisé."
        Dans cette admirable pensée,
Voyant son maître en joie, il s'en vient lourdement,
        Lève une corne tout usée,
La lui porte au menton fort amoureusement,
Non sans accompagner pour le plus grand ornement
De son chant gracieux cette action hardie.
"Oh! oh! quelle caresse, et quelle mélodie!
Dit le maître aussitôt. Holà! Martin-bâton."
Martin-bâton accourt; l'âne change de ton.
        Ainsi finit la comédie.

29 (IV,6)

LE COMBAT DES RATS ET DES BELETTES

La nation des belettes,
Non plus que celle des chats,
Ne veut aucun bien aux rats;
Et sans les portes étrètes
De leurs habitations,
L'animal à longue échine
En ferait, je m'imagine,
De grandes destructions.
Or une certaine année
Qu'il en était foison,
Leur roi, nommé Ratapon,
Mit en campagne une armée.
Les belettes de leur part
Déployèrent l'étendard.
Si l'on croit la renommée,
La victoire balança.
Plus d'un guéret s'engraissa
Du sang de plus d'une bande.
Mais la perte la plus grande
Tomba presque en tous endroits
Sur le peuple souriquois.
Sa déroute fut entière,
Quoi que pût faire Artarpax,
Psicarpax, Méridarpax,
Qui, tout couverts de poussière,
Soutinrent assez longtemps
Les efforts des combattants.
Leur résistance fut vaine :
Il fallut céder au sort.
Chacun s'enfuit au plus fort,
Tant soldat que capitaine.
Les princes périrent tous.
La racaille, dans les trous
Trouvant sa retraite prête,
Se sauva sans grand travail.
Mais les seigneurs sur leur tête
Ayant chacun un plumail,
Des cornes ou des aigrettes,
Soit comme marques d'honneur,
Soit afin que les belettes
En conçussent plus de peur,
Cela causa leur malheur.
Trou, ni fente, ni crevasse,
Ne fut large assez pour eux,
Au lieu que la populace
Entrait dans les moindres creux.
La principale jonchée
Fut donc des principaux rats.
Une tête empanachée
N'est pas petit embarras.
Le trop superbe équipage
Peut souvent en un passage
Causer du retardement.

Les petits en toute affaire
Esquivent fort aisément;
Les grands ne le peuvent faire.

30 (IV,15)

LE LOUP, LA CHÈVRE, ET LE CHEVREAU

La bique allant remplir sa traînante mamelle
Et paître l'herbe nouvelle,
Ferma sa porte au loquet,
Non sans dire à son biquet :
"Gardez-vous sur votre vie
D'ouvrir, que l'on ne vous die
Pour enseigne et mot du guet :
"Foin du loup et de sa race!"
Comme elle disait ces mots,
Le loup, de fortune passe.
Il les recueille à propos,
Et les garde en sa mémoire.
La bique, comme on peut croire,
N'avait pas vu le glouton.
Dès qu'il la voit partie, il contrefait son ton;
Et d'une voix papelarde,
Il demande qu'on ouvre, en disant : "Foin du loup!",
Et croyant entrer tout d'un coup.
Le biquet soupçonneux par la fente regarde.
"Montrez-moi patte blanche, ou je n'ouvrirai point",
S'écria-t-il d'abord (patte blanche est un point
Chez les loups, comme on sait, rarement en usage).
Celui-ci, fort surpris d'entendre ce langage,
Comme il était venu s'en retourna chez soi.
Où serait le biquet s'il eût ajouté foi
Au mot du guet, que de fortune
Notre loup avait entendu?
Deux sûretés valent mieux qu'une;
Et le trop en cela ne fut jamais perdu.

31 (IV,16)

LE LOUP, LA MÈRE, ET L'ENFANT

Ce loup me remet en mémoire
Un de ses compagnons qui fut encor mieux pris.
Il y périt; voici l'histoire.
Un villageois avait à l'écart son logis.
Messer loup attendait chape-chute à la porte.
Il avait vu sortir gibier de toute sorte :
Veaux de lait, agneaux et brebis,
Régiments de dindons, enfin bonne provende.
Le larron commençait pourtant à s'ennuyer.
Il entend un enfant crier.
La mère aussitôt le gourmande,
Le menace, s'il ne se tait,
De le donner au loup. L'animal se tient prêt,

Remerciant les dieux d'une telle aventure,
Quand la mère, apaisant sa chère géniture,
Lui dit : "Ne criez point; s'il vient, nous le tuerons.
Qu'est ceci? s'écria le mangeur de moutons.
Dire d'un, puis d'un autre? Est-ce ainsi que l'on traite
Les gens faits comme moi? Me prend-on pour un sot?
          Que quelque jour ce beau marmot
          Vienne au bois cueillir la noisette!"
Comme il disait ces mots, on sort de la maison.
Un chien de cour l'arrête; épieux et fourches-fières
          L'ajustent de toutes manières.
"Que veniez-vous chercher en ce lieu?" lui dit-on.
          Aussitôt il conta l'affaire.
          "Merci de moi, lui dit la mère :
Tu mangeras mon fils? L'ai-je fait à dessein
          Qu'il assouvisse un jour ta faim?"
          On assomma la pauvre bête.
Un manant lui coupa le pied droit et la tête;
Le seigneur du village à sa porte les mit,
Et ce dicton picard à l'entour fut écrit :
          Biaux chires leups, n'ecoutez mie
          Mere tenchent chen fieux qui crie.

32 (IV,20)

L'AVARE QUI A PERDU SON TRÉSOR

L'usage seulement fait la possession.
Je demande à ces gens de qui la passion
Est d'entasser toujours, mettre somme sur somme,
Quel avantage ils ont que n'ait pas un autre homme.
Diogène là-bas est aussi riche qu'eux,
Et l'avare ici-haut comme lui vit en gueux.
L'homme au trésor caché qu'Ésope nous propose,
          Servira d'exemple à la chose.
          Ce malheureux attendait
Pour jouir de son bien une seconde vie;
Ne possédait pas l'or, mais l'or le possédait.
Il avait dans la terre une somme enfouie,
     Son coeur avec, n'ayant autre déduit
          Que d'y ruminer jour et nuit
Et rendre sa chevance à lui-même sacrée.
Qu'il allât ou qu'il vînt, qu'il bût ou qu'il mangeât,
On l'eût pris de bien court, à moins qu'il ne songeât
A l'endroit où gisait cette somme enterrée.
Il y fit tant de tours qu'un fossoyeur le vit,
Se douta du dépôt, l'enleva sans rien dire.
Notre avare un beau jour ne trouva que le nid.
Voilà mon homme aux pleurs; il gémit, il soupire.
          Il se tourmente, il se déchire.
Un passant lui demande à quel sujet ses cris.
          "C'est mon trésor que l'on m'a pris.
- Votre trésor? où pris? - Tout joignant cette pierre.
          - Eh! sommes-nous en temps de guerre
Pour l'apporter si loin? N'eussiez-vous pas mieux fait
De le laisser chez vous en votre cabinet?
          Que de le changer de demeure?

Vous auriez pu sans peine y puiser à toute heure.
- A toute heure? bons dieux! Ne tient-il qu'à cela?
          L'argent vient-il comme il s'en va?
Je n'y touchais jamais. - Dites-moi donc de grâce,
Reprit l'autre, pourquoi vous vous affligez tant,
Puisque vous ne touchiez jamais à cet argent :
          Mettez une pierre à la place,
          Elle vous vaudra tout autant."

33 (V,2)

LE POT DE TERRE ET LE POT DE FER

          Le pot de fer proposa
          Au pot de terre un voyage.
          Celui-ci s'en excusa,
          Disant qu'il ferait que sage
          De garder le coin du feu :
          Car il lui fallait si peu,
          Si peu, que la moindre chose
          De son débris serait cause.
          Il n'en reviendrait morceau.
          "Pour vous, dit-il, dont la peau
          Est plus dure que la mienne,
          Je ne vois rien qui vous tienne.
          - Nous vous mettrons à couvert,
          Repartit le pot de fer.
          Si quelque matière dure
          Vous menace d'aventure,
          Entre deux je passerai,
          Et du coup vous sauverai."
          Cette offre le persuade.
          Pot de fer son camarade
          Se met droit à ses côtés.
          Mes gens s'en vont à trois pieds,
          Clopin clopant, comme ils peuvent,
          L'un contre l'autre jetés,
          Au moindre hoquet qu'ils treuvent.
Le pot de terre en souffre : il n'eut pas fait cent pas
Que par son compagnon il fut mis en éclats,
          Sans qu'il eût lieu de se plaindre.
Ne nous associons qu'avecque nos égaux,
          Ou bien il nous faudra craindre
          Le destin d'un de ces pots.

34 (V,3)

LE PETIT POISSON ET LE PÊCHEUR

          Petit poisson deviendra grand,
          Pourvu que Dieu lui prête vie.
          Mais le lâcher en attendant,
          Je tiens pour moi que c'est folie;
Car de le rattraper il n'est pas trop certain.
Un carpeau qui n'était encore que fretin

Fut pris par un pêcheur au bord d'une rivière.
"Tout fait nombre, dit l'homme, en voyant son butin;
Voilà commencement de chère et de festin;
          Mettons-le en notre gibecière."
Le pauvre carpillon lui dit en sa manière :
"Que ferez-vous de moi? je ne saurais fournir
          Au plus qu'une demi-bouchée.
          Laissez-moi carpe devenir :
          Je serai par vous repêchée.
Quelque gros partisan m'achètera bien cher,
          Au lieu qu'il vous en faut chercher
          Peut-être encor cent de ma taille
Pour faire un plat. Quel plat? croyez-moi : rien qui vaille.
- Rien qui vaille? Eh bien, soit, repartit le pêcheur;
Poisson, mon bel ami, qui faites le prêcheur,
Vous irez dans la poêle; et vous avez beau dire,
          Dès ce soir on vous fera frire."

Un tiens vaut, ce dit-on, mieux que deux tu l'auras.
          L'un est sûr, l'autre ne l'est pas.

35 (V,8)

LE CHEVAL ET LE LOUP

          Un certain loup, dans la saison
Que les tièdes zéphyrs ont l'herbe rajeunie,
Et que les animaux quittent tous la maison
          Pour s'en aller chercher leur vie;
Un loup, dis-je, au sortir des rigueurs de l'hiver,
Aperçut un cheval qu'on avait mis au vert.
          Je laisse à penser quelle joie!
"Bonne chasse, dit-il, qui l'aurait à son croc.
Eh! que n'es-tu mouton? car tu me serais hoc;
Au lieu qu'il faut ruser pour avoir cette proie.
Rusons donc." Ainsi dit, il vient à pas comptés,
          Se dit écolier d'Hippocrate;
Qu'il connaît les vertus et les propriétés
          De tous les simples de ces prés;
          Qu'il sait guérir, sans qu'il se flatte,
Toutes sortes de maux. Si dom coursier voulait
          Ne point celer sa maladie,
          Lui loup gratis le guérirait;
          Car le voir en cette prairie
          Paître ainsi sans être lié
Témoignait quelque mal, selon la médecine.
          "J'ai, dit la bête chevaline,
          Une apostume sous le pied.
- Mon fils, dit le docteur, il n'est point de partie
          Susceptible de tant de maux.
J'ai l'honneur de servir nosseigneurs les chevaux,
          Et fais aussi la chirurgie."
Mon galant ne songeait qu'à bien prendre son temps,
          Afin de happer son malade.
L'autre qui s'en doutait lui lâche une ruade,
          Qui vous lui met en marmelade

Les mandibules et les dents.
"C'est bien fait (dit le loup en soi-même fort triste) :
Chacun à son métier doit toujours s'attacher.
Tu veux faire ici l'arboriste,
Et ne fus jamais que boucher."

36 (V,9)

LE LABOUREUR ET SES ENFANTS

Travaillez, prenez de la peine.
C'est le fonds qui manque le moins.
Un riche laboureur, sentant sa mort prochaine,
Fit venir ses enfants, leur parla sans témoins.
"Gardez-vous, leur dit-il, de vendre l'héritage,
Que nous ont laissé nos parents.
Un trésor est caché dedans.
Je ne sais pas l'endroit; mais un peu de courage
Vous le fera trouver, vous en viendrez à bout.
Remuez votre champ dès qu'on aura fait l'oût.
Creusez, fouillez, bêchez, ne laissez nulle place
Où la main ne passe et repasse."
Le père mort, les fils vous retournent le champ,
Deçà, delà, partout; si bien qu'au bout de l'an
Il en rapporta davantage.
D'argent, point de caché. Mais le père fut sage
De leur montrer, avant sa mort,
Que le travail est un trésor.

37 (V,14)

L'ANE PORTANT DES RELIQUES

Un baudet, chargé de reliques,
S'imagina qu'on l'adorait.
Dans ce penser il se carrait,
Recevant comme siens l'encens et les cantiques.
Quelqu'un vit l'erreur, et lui dit :
"Maître baudet, ôtez-vous de l'esprit
Une vanité si folle.
Ce n'est pas vous, c'est l'idole
A qui cet honneur se rend,
Et que la gloire en est due."
D'un magistrat ignorant
C'est la robe qu'on salue.

38 (V,18)

L'AIGLE ET LE HIBOU

L'aigle et le chat-huant leurs querelles cessèrent,
Et firent tant qu'ils s'embrassèrent.
L'un jura foi de roi, l'autre foi de hibou,
Qu'ils ne se goberaient leurs petits peu ni prou.

"Connaissez-vous les miens? dit l'oiseau de Minerve.
- Non, dit l'aigle. - Tant pis, reprit le triste oiseau.
        Je crains en ce cas pour leur peau :
        C'est hasard si je les conserve.
Comme vous êtes roi, vous ne considérez
Qui ni quoi : rois et dieux mettent, quoi qu'on leur die,
        Tout en même catégorie.
Adieu mes nourrissons si vous les rencontrez.
- Peignez-les-moi, dit l'aigle, ou bien me les montrez.
        Je n'y toucherai de ma vie."
Le hibou repartit : "Mes petits sont mignons,
Beaux, bien faits, et jolis sur tous leurs compagnons.
Vous les reconnaîtrez sans peine à cette marque.
N'allez pas l'oublier; retenez-la si bien
        Que chez moi la maudite Parque
        N'entre point par votre moyen."
Il advint qu'au hibou Dieu donna géniture,
De façon qu'un beau soir qu'il était en pâture,
        Notre aigle aperçut d'aventure,
        Dans les coins d'une roche dure,
        Ou dans les trous d'une masure,
        (Je ne sais pas lequel des deux),
        De petits monstres fort hideux,
Rechignés, un air triste, une voix de Mégère.
"Ces enfants ne sont pas, dit l'aigle, à notre ami :
Croquons-les." Le galant n'en fit pas à demi.
Ses repas ne sont point repas à la légère.
Le hibou de retour ne trouve que les pieds
De ses chers nourrissons, hélas! pour toute chose.
Il se plaint, et les dieux sont par lui suppliés
De punir le brigand qui de son deuil est cause.
Quelqu'un lui dit alors : "N'en accuse que toi,
        Ou plutôt la commune loi,
        Qui veut qu'on trouve son semblable
        Beau, bien fait, et sur tous aimable.
Tu fis de tes enfants à l'aigle ce portrait :
        En avaient-ils le moindre trait?"

39 (V,20)

L'OURS ET LES DEUX COMPAGNONS

        Deux compagnons pressés d'argent
        A leur voisin fourreur vendirent
        La peau d'un ours encor vivant,
Mais qu'ils tueraient bientôt, du moins à ce qu'ils dirent.
C'était le roi des ours au compte de ces gens.
Le marchand à sa peau devait faire fortune.
Elle garantirait des froids les plus cuisants.
On en pourrait fourrer plutôt deux robes qu'une.
Dindenaut prisait moins ses moutons qu'eux leur ours :
Leur, à leur compte, et non à celui de la bête.
S'offrant de la livrer au plus tard dans deux jours,
Ils conviennent de prix, et se mettent en quête,
Trouvent l'ours qui s'avance, et vient vers eux au trot.
Voilà mes gens frappés comme d'un coup de foudre.

Le marché ne tint pas; il fallut le résoudre :
D'intérêts contre l'ours, on n'en dit pas un mot.
L'un des deux compagnons grimpe au faîte d'un arbre;
        L'autre, plus froid que n'est un marbre,
Se couche sur le nez, fait le mort, tient son vent,
        Ayant quelque part ouï dire
        Que l'ours s'acharne peu souvent
Sur un corps qui ne vit, ne meut, ni ne respire.
Seigneur ours, comme un sot, donna dans ce panneau.
Il voit ce corps gisant, le croit privé de vie,
        Et de peur de supercherie
Le tourne, le retourne, approche son museau,
        Flaire aux passages de l'haleine.
"C'est, dit-il, un cadavre; ôtons-nous, car il sent."
A ces mots, l'ours s'en va dans la forêt prochaine.
L'un de nos deux marchands de son arbre descend,
Court à son compagnon, lui dit que c'est merveille
Qu'il n'ait eu seulement que la peur pour tout mal.
"Eh bien, ajouta-t-il, la peau de l'animal?
        Mais que t'a-t-il dit à l'oreille?
        Car il s'approchait de bien près,
        Te retournant avec sa serre.
        - Il m'a dit qu'il ne faut jamais
Vendre la peau de l'ours qu'on ne l'ait mis par terre."

                    40 (VI,5)

        LE COCHET, LE CHAT ET LE SOURICEAU

Un souriceau tout jeune, et qui n'avait rien vu,
        Fut presque pris au dépourvu.
Voici comme il conta l'aventure à sa mère :
"J'avais franchi les monts qui bornent cet Etat,
        Et trottais comme un jeune rat
        Qui cherche à se donner carrière,
Lorsque deux animaux m'ont arrêté les yeux :
        L'un doux, bénin et gracieux,
Et l'autre turbulent, et plein d'inquiétude.
        Il a la voix perçante et rude,
        Sur la tête un morceau de chair.
Une sorte de bras dont il s'élève en l'air
        Comme pour prendre sa volée,
        La queue en panache étalée."
Or c'était un cochet dont notre souriceau
        Fit à sa mère le tableau
Comme d'un animal venu de l'Amérique.
"Il se battait, dit-il, les flancs avec ses bras,
        Faisant tel bruit et tel fracas,
Que moi, qui grâce aux dieux de courage me pique,
        En ai pris la fuite de peur,
        Le maudissant de très bon coeur
        Sans lui j'aurais fait connaissance
Avec cet animal qui m'a semblé si doux.
        Il est velouté comme nous,
Marqueté, longue queue, une humble contenance;
Un modeste regard, et pourtant l'oeil luisant :

Je le crois fort sympathisant
Avec messieurs les rats; car il a des oreilles
    En figure aux nôtres pareilles.
Je l'allais aborder, quand d'un son plein d'éclat
    L'autre m'a fait prendre la fuite.
- Mon fils, dit la souris, ce doucet est un chat,
    Qui sous son minois hypocrite
    Contre toute ta parenté
    D'un malin vouloir est porté.
    L'autre animal tout au contraire,
    Bien éloigné de nous mal faire,
Servira quelque jour peut-être à nos repas.
Quant au chat, c'est sur nous qu'il fonde sa cuisine.
    Garde-toi, tant que tu vivras,
    De juger des gens sur la mine."

41 (VI,8)

LE VIEILLARD ET L'ANE

Un vieillard sur son âne aperçut en passant
    Un pré plein d'herbe et fleurissant.
Il y lâche sa bête, et le grison se rue
    Au travers de l'herbe menue,
    Se vautrant, grattant et frottant,
    Gambadant, chantant et broutant,
    Et faisant mainte place nette.
    L'ennemi vient sur l'entrefaite.
    "Fuyons, dit alors le vieillard.
    - Pourquoi? répondit le paillard.
Me fera-t-on porter double bât, double charge?
- Non pas, dit le vieillard, qui prit d'abord le large.
- Et que m'importe donc, dit l'âne, à qui je sois?
    Sauvez-vous, et me laissez paître.
    Notre ennemi, c'est notre maître :
    Je vous le dis en bon françois."

42 (VI,17)

LE CHIEN QUI LACHE SA PROIE

POUR L'OMBRE

    Chacun se trompe ici-bas.
    On voit courir après l'ombre
    Tant de fous, qu'on n'en sait pas
    La plupart du temps le nombre.

Au chien dont parle Ésope il faut les renvoyer.
Ce chien voyant sa proie en l'eau représentée,
La quitta pour l'image, et pensa se noyer.
La rivière devint tout d'un coup agitée.
    A toute peine il regagna les bords,
    Et n'eut ni l'ombre ni le corps.

43 (VII,1)

LES ANIMAUX MALADES DE LA PESTE

                    Un mal qui répand la terreur,
                    Mal que le ciel en sa fureur
Inventa pour punir les crimes de la terre,
La peste (puisqu'il faut l'appeler par son nom),
Capable d'enrichir en un jour l'Achéron,
                    Faisait aux animaux la guerre.
Ils ne mouraient pas tous, mais tous étaient frappés.
                    On n'en voyait point d'occupés
A chercher le soutien d'une mourante vie;
                    Nul mets n'excitait leur envie.
                    Ni loups ni renards n'épiaient
                    La douce et l'innocente proie.
                    Les tourterelles se fuyaient;
                    Plus d'amour, partant plus de joie.
Le lion tint conseil, et dit : "Mes chers amis,
                    Je crois que le ciel a permis
                    Pour nos péchés cette infortune.
                    Que le plus coupable de nous
Se sacrifie aux traits du céleste courroux;
Peut-être il obtiendra la guérison commune.
L'histoire nous apprend qu'en de tels accidents
                    On fait de pareils dévouements.
Ne nous flattons donc point, voyons sans indulgence
                    L'état de notre conscience.
Pour moi, satisfaisant mes appétits gloutons,
                    J'ai dévoré force moutons.
                    Que m'avaient-ils fait? Nulle offense.
Même il m'est arrivé quelquefois de manger
                         Le berger.
Je me dévouerai donc, s'il le faut; mais je pense
Qu'il est bon que chacun s'accuse ainsi que moi :
Car on doit souhaiter selon toute justice
                    Que le plus coupable périsse.
- Sire, dit le renard, vous êtes trop bon roi;
Vos scrupules font voir trop de délicatesse;
Eh bien! manger moutons, canaille, sotte espèce,
Est-ce un péché? Non, non : vous leur fîtes, Seigneur,
                    En les croquant beaucoup d'honneur;
                    Et quant au berger, l'on peut dire
                    Qu'il était digne de tous maux,
Etant de ces gens-là qui sur les animaux
                    Se font un chimérique empire."
Ainsi dit le renard, et flatteurs d'applaudir.
                    On n'osa trop approfondir
Du tigre, ni de l'ours, ni des autres puissances,
                    Les moins pardonnables offenses.
Tous les gens querelleurs, jusqu'aux simples mâtins,
Au dire de chacun étaient de petits saints.
L'âne vint à son tour et dit : "J'ai souvenance
                    Qu'en un pré de moines passant,
La faim, l'occasion, l'herbe tendre, et, je pense
                    Quelque diable aussi me poussant,
Je tondis de ce pré la largeur de ma langue.

Je n'en avais nul droit, puisqu'il faut parler net."
A ces mots on cria haro sur le baudet.
Un loup quelque peu clerc prouva par sa harangue
Qu'il fallait dévouer ce maudit animal,
Ce pelé, ce galeux, d'où venait tout le mal.
Sa peccadille fut jugée un cas pendable.
Manger l'herbe d'autrui! quel crime abominable!
          Rien que la mort n'était capable
D'expier son forfait : on le lui fit bien voir.
Selon que vous serez puissant ou misérable,
Les jugements de cour vous rendront blanc ou noir.

                44 + 45 (VII,4+5)

                  LE HÉRON

                  LA FILLE

Un jour sur ses longs pieds allait je ne sais où
Le héron au long bec emmanché d'un long cou.
          Il côtoyait une rivière.
L'onde était transparente ainsi qu'aux plus beaux jours;
Ma commère la carpe y faisait mille tours
          Avec le brochet son compère.
Le héron en eût fait aisément son profit :
Tous approchaient du bord, l'oiseau n'avait qu'à prendre;
          Mais il crut mieux faire d'attendre
          Qu'il eût un peu plus d'appétit.
Il vivait de régime, et mangeait à ses heures.
Après quelques moments l'appétit vint; l'oiseau
          S'approchant du bord vit sur l'eau
Des tanches qui sortaient du fond de ces demeures.
Le mets ne lui plut pas : il s'attendait à mieux,
          Et montrait un goût dédaigneux,
          Comme le rat du bon Horace.
"Moi, des tanches? dit-il, moi, héron, que je fasse
Une si pauvre chère? Et pour qui me prend-on?"
La tanche rebutée, il trouva du goujon.
"Du goujon? c'est bien là le dîner d'un héron!"
J'ouvrirais pour si peu le bec! Aux dieux ne plaise!"
Il l'ouvrit pour bien moins : tout alla de façon
          Qu'il ne vit plus aucun poisson.
La faim le prit; il fut tout heureux et tout aise
          De rencontrer un limaçon.
          Ne soyons pas si difficiles :
Les plus accommodants, ce sont les plus habiles;
On hasarde de perdre en voulant trop gagner.
          Gardez-vous de rien dédaigner,
Surtout quand vous avez à peu près votre compte.
Bien des gens y sont pris. Ce n'est pas aux hérons
Que je parle; écoutez, humains, un autre conte :
Vous verrez que chez vous j'ai puisé ces leçons.
          Certaine fille un peu trop fière
          Prétendait trouver un mari
Jeune, bien fait, et beau, d'agréable manière,
Point froid et point jaloux : notez ces deux points-ci.
          Cette fille voulait aussi

Qu'il eût du bien, de la naissance,
De l'esprit, enfin tout; mais qui peut tout avoir?
Le destin se montra soigneux de la pourvoir :
        Il vint des partis d'importance.
La belle les trouva trop chétifs de moitié.
"Quoi! moi? quoi! ces gens-là? L'on radote, je pense.
A moi les proposer! Hélas! ils font pitié.
        Voyez un peu la belle espèce!"
L'un n'avait en l'esprit nulle délicatesse;
L'autre avait le nez fait de cette façon-là;
        C'était ceci, c'était cela,
        C'était tout : car les précieuses
        Font dessus tout les dédaigneuses.
Après les bons partis, les médiocres gens
        Vinrent se mettre sur les rangs.
Elle de se moquer. "Ah! vraiment, je suis bonne
De leur ouvrir la porte : ils pensent que je suis
        Fort en peine de ma personne.
        Grâce à Dieu, je passe les nuits
        Sans chagrin, quoique en solitude."
La belle se sut gré de tous ces sentiments.
L'âge la fit déchoir; adieu tous les amants.
Un an se passe, et deux, avec inquiétude.
Le chagrin vient ensuite : elle sent chaque jour
Déloger quelques ris, quelques jeux, puis l'amour;
        Puis ses traits choquer et déplaire;
Puis cent sortes de fards. Ses soins ne purent faire
Qu'elle échappât au temps, cet insigne larron.
        Les ruines d'une maison
Se peuvent réparer : que n'est cet avantage
        Pour les ruines du visage!
Sa préciosité changea lors de langage.
Son miroir lui disait : "Prenez vite un mari."
Je ne sais quel désir le lui disait aussi :
Le désir peut loger chez une précieuse.
Celle-ci fit un choix qu'on n'aurait jamais cru,
Se trouvant à la fin tout aise et tout heureuse
        De rencontrer un malotru.

                46 (VII,10)

        LA LAITIÈRE ET LE POT AU LAIT

Perrette, sur sa tête ayant un pot au lait
        Bien posé sur un coussinet,
Prétendait arriver sans encombre à la ville.
Légère et court vêtue, elle allait à grands pas
Ayant mis ce jour-là pour être plus agile
        Cotillon simple, et souliers plats.
        Notre laitière ainsi troussée
        Comptait déjà dans sa pensée
Tout le prix de son lait, en employait l'argent,
Achetait un cent d'oeufs, faisait triple couvée;
La chose allait à bien par son soin diligent.
        "Il m'est, disait-elle, facile
D'élever des poulets autour de ma maison :

    Le renard sera bien habile,
S'il ne m'en laisse assez pour avoir un cochon.
Le porc à engraisser coûtera peu de son;
Il était, quand je l'eus, de grosseur raisonnable;
J'aurai, le revendant, de l'argent bel et bon.
Et qui m'empêchera de mettre en notre étable,
Vu le prix dont il est, une vache et son veau,
Que je verrai sauter au milieu du troupeau?
Perrette là-dessus saute aussi, transportée.
Le lait tombe : adieu veau, vache, cochon, couvée.
La dame de ces biens, quittant d'un oeil marri
        Sa fortune ainsi répandue,
        Va s'excuser à son mari,
        En grand danger d'être battue.
        Le récit en farce en fut fait :
        On l'appela le Pot au lait.

                [...]

                47 (VII,13)

            LES DEUX COQS

Deux coqs vivaient en paix; une poule survint,
        Et voilà la guerre allumée.
Amour, tu perdis Troie; et c'est de toi qui vint
        Cette querelle envenimée
Où du sang des dieux même on vit le Xanthe teint.
Longtemps entre nos coqs le combat se maintint.
Le bruit s'en répandit par tout le voisinage.
La gent qui porte crête au spectacle accourut.
        Plus d'une Hélène au beau plumage
Fut le prix du vainqueur; le vaincu disparut.
Il alla se cacher au fond de sa retraite,
        Pleura sa gloire et ses amours,
Ses amours, qu'un rival tout fier de sa défaite
Possédait à ses yeux. Il voyait tous les jours
Cet objet rallumer sa haine et son courage.
Il aiguisait son bec, battait l'air et ses flancs,
        Et, s'exerçant contre les vents,
        S'armait d'une jalouse rage.
Il n'en eut pas besoin. Son vainqueur sur les toits
    S'alla percher, et chanter sa victoire.
        Un vautour entendit sa voix :
        Adieu les amours et la gloire.
Tout cet orgueil périt sous l'ongle du vautour.
        Enfin, par un fatal retour,
        Son rival autour de la poule
        S'en revint faire le coquet :
        Je laisse à penser quel caquet
        Car il eut des femmes en foule.
La Fortune se plaît à faire de ces coups;
Tout vainqueur insolent à sa perte travaille.
Défions-nous du sort, et prenons garde à nous
        Après le gain d'une bataille.

48 (VIII,6)

LES FEMMES ET LE SECRET

            Rien ne pèse tant qu'un secret;
        Le porter loin est difficile aux dames;
            Et je sais même sur ce fait
            Bon nombre d'hommes qui sont femmes.
Pour éprouver la sienne un mari s'écria
La nuit étant près d'elle : "O dieux! qu'est-ce cela?
            Je n'en puis plus; on me déchire;
Quoi! j'accouche d'un oeuf! - D'un oeuf? - Oui, le voilà,
Frais et nouveau pondu. Gardez bien de le dire :
On m'appellerait poule. Enfin n'en parlez pas."
            La femme neuve sur ce cas,
            Ainsi que sur mainte autre affaire,
Crut la chose, et promit ses grands dieux de se taire.
            Mais ce serment s'évanouit
            Avec les ombres de la nuit.
            L'épouse indiscrète et peu fine
Sort du lit quand le jour fut à peine levé;
            Et de courir chez sa voisine.
"Ma commère, dit-elle, un cas est arrivé.
N'en dites rien surtout, car vous me feriez battre.
Mon mari vient de pondre un oeuf gros comme quatre.
            Au nom de Dieu, gardez-vous bien
            D'aller publier ce mystère.
- Vous moquez-vous? dit l'autre. Ah! vous ne savez guère
        Quelle je suis. Allez, ne craignez rien."
La femme du pondeur s'en retourne chez elle.
L'autre grille déjà de conter la nouvelle :
Elle va la répandre en plus de dix endroits.
            Au lieu d'un oeuf elle en dit trois.
Ce n'est pas encor tout, car une autre commère
En dit quatre, et raconte à l'oreille le fait;
            Précaution peu nécessaire,
            Car ce n'était plus un secret.
Comme le nombre d'oeufs, grâce à la renommée,
            De bouche en bouche allait croissant,
            Avant la fin de la journée
            Ils se montaient à plus d'un cent.

49 (IX,3)

LE SINGE ET LE LÉOPARD

            Le singe avec le léopard
            Gagnaient de l'argent à la foire;
            Ils affichaient chacun à part
L'un d'eux disait : "Messieurs, mon mérite et ma gloire
Sont connus en bon lieu; le roi m'a voulu voir;
            Et si je meurs, il veut avoir
Un manchon de ma peau : tant elle est bigarrée,
            Pleine de taches, marquetée,
            Et vergetée, et mouchetée."
La bigarrure plaît; partant chacun le vit.

Mais ce fut bientôt fait, bientôt chacun sortit.
Le singe de sa part disait : "Venez de grâce;
Venez, Messieurs. Je fais cent tours de passe-passe.
Cette diversité dont on vous parle tant,
Mon voisin Léopard l'a sur soi seulement;
Moi, je l'ai dans l'esprit : votre serviteur Gille,
          Cousin et gendre de Bertrand,
          Singe du pape en son vivant,
          Tout fraîchement en cette ville
Arrive en trois bateaux exprès pour vous parler;
Car il parle, on l'entend; il sait danser, baller,
          Faire des tours de toute sorte,
Passer en des cerceaux; et le tout pour six blancs!
Non, Messieurs, pour un sou; si vous n'êtes contents,
Nous rendrons à chacun son argent à la porte."
Le singe avait raison : ce n'est pas sur l'habit
Que la diversité me plaît, c'est dans l'esprit :
L'une fournit toujours des choses agréables;
L'autre en moins d'un moment lasse les regardants.
O! que de grands seigneurs, au léopard semblables,
          N'ont que l'habit pour tous talents!

[Pour sa fable 49, "Les singes et le Léopard", Rodolphine Young
ne prend évidemment pas comme modèle le texte de La Fontaine que
nous reproduisons ici. Probablement elle puise son sujet dans la
tradition orale seychelloise.]

BIBLIOGRAPHIE

BAISSAC, Charles, 1880. *Etude sur le patois créole mauricien.* Nancy. Slatkine Reprints, Genève, 1976.

BAKER, Philip, 1972. *A Description of Mauritian Creole.* London, Hurst.

BAKER, Philip, 1982a. "On the Origins of the First Mauritians and of the Creole Language of Their Descendants: A Refutation of Chaudenson's 'Bourbonnais' Theory", in: Ph. BAKER/Ch. CORNE, *Isle de France Creole. Affinities and Origins.* Ann Arbor, Karoma.

BAKER, Philip, 1982b. *The contribution of non-Francophone immigrants to the lexicon of Mauritian Creole.* Thèse de doctorat, London.

BOLLEE, Annegret, 1977. *Le Créole Français des Seychelles. Esquisse d'une grammaire - textes - vocabulaire.* Tübingen, Niemeyer. (Beihefte zur Zeitschrift für Romanische Philologie 159).

CHAUDENSON, Robert, 1974. *Le lexique du parler créole de la Réunion.* Paris, Champion.

CORNE, Chris, 1977. *Seychelles Creole Grammar. Elements for Indian Ocean Proto-Creole Reconstruction.* Tübingen, Gunter Narr. (Tübinger Beiträge zur Linguistik 91).

D'OFFAY, Danielle/LIONNET, Guy, 1982. *Diksyonner kreol-franse. Dictionnaire créole seychellois-français.* Hamburg, Helmut Buske. (Kreolische Bibliothek 3).

FEW = Walther von Wartburg, *Französisches Etymologisches Wörterbuch.* 24 vol., Bonn/Basel 1922 sq.

FORBES, Duncan, 1859. *A Dictionary of the Hindustani Language.* London.

GOODMAN, Morris, 1964. *A Comparative Study of Creole French Dialects.* The Hague, Mouton.

SACLEUX, Ch., 1939-59. *Dictionnaire swahili-français et français-swahili.* 2 vol, Paris.

VALDMAN, Albert, 1970. *Basic Course in Haitian Creole.* The Hague, Mouton.

TABLE DES MATIÈRES